HENDRIK BIRKE

WERTE

EINE ANREGUNG ZUM NACHDENKEN

Werte
Eine Anregung
zum Nachdenken

von
Hendrik Birke

**»Glaube an Deine Träume,
egal, was die anderen sagen!«**

© 2015 brainfire media

© 2015 Hendrik Birke

Text: Hendrik Birke

Logo-/Covergestaltung & Grafik: Hendrik Birke

Widmung

Liebe & Inspiration

Kim
Lebensgefährtin, Weib, Freundin, Vertraute, bessere Hälfte,
Liebe meines Lebens und schönste Ratgeberin

Joe
Weltbester Sohnemann

Nicolas
Der Liebe unbekannter Sohn

Danke!

Erika, Yvonne, David, Markus, Motsi
und allen Menschen, die noch an Werte glauben!

Inhaltsverzeichnis

GEDANKEN UND WEGE
KÖNNEN MENSCHEN ZUEINANDER FÜHREN

· 01 ✕ 19 ·

Kapitel 1 – Gedanken

Es ist noch gar nicht so lange her, da gehörte ich noch zu jenen Menschen, die das Verhalten egoistischer Möchtegern-Prominenter oder politisch ambitionierter Personen mit Humor ertragen habe. Ich ignorierte geflissentlich um die Wette grinsende Selbstdarsteller, die sich im Glanze ihrer fünften Autobiographie auf Pressekonferenzen wälzten, nur um einen Monat später wieder irgend einen nervigen Stuss in die Medienlandschaft hinaus zu posaunen. Wobei als Blasinstrumente meistens die nicht weniger geistig aktiven Manager oder im politischen Sinne scheintote Pressesprecher als Sprachrohr der ihnen anvertrauten Beschränktheit fungierten.

Irgendwann kann aber ein normal Denkender diese stupide Ansammlung von Dauerberieselung via zwangsbezahltem Fernsehen, gleichlautenden Zeitungsaufmachern, langweiligen Magazinen oder oberflächlichen Bloggern nicht mehr ertragen. Es gilt nur eine Meinung und die wird durch immer gleich tönende Personen propagiert. Ich bemerke voller Zorn, dass sich Menschen ins eigen generierte Scheinwerferlicht der Öffentlichkeit positionieren, die eigentlich überhaupt nichts gesellschaftlich Bemerkenswertes geleistet haben, weder im sozialen noch im kulturellen Lebensbereich. Andersdenkende Menschen werden öffentlich demontiert oder in Talkshows des öffentlich-rechtlichen Staatsfernsehens herunter geputzt. Diskussionen oder sinnvolle, ruhige Gespräche, wie wir sie früher kannten, gibt es nicht mehr, es werden ohnehin immer dieselben Gesichter eingeladen, dann bleibt das Honorar in der Familie. Die Bürger haben gefälligst die staatlich angeordnete Meinungsmache hinzunehmen. Die eindeutige Einflussnahme der Politik ist inzwischen deutlich zu erkennen, dort wo einstmals kluge Köpfe diskussionsfreudig Meinungen austauschten, wird das Hirn des Volkes gebraten, um von tatsächlichen Verfehlungen der gewählten Staatsmacht abzulenken. Es wird beleidigt und aggressiv eine Meinungshetze betrieben, die sehr an eine Diktatur erinnert. Keine Graustufen, sondern nur noch Schwarz oder Weiß; der eine hat gefälligst recht zu haben, der andere steht im Schatten. Wir haben gar keine Möglichkeit unsere Meinung kund zu tun, diese im Raum stehen zu lassen, um damit ruhig und intelligent zu neuen Gedanken anzuregen. Haben „Andersdenkende/-fühlende" früher nicht genau für ein solches Privileg gekämpft, die sich heute genau so daneben benehmen, wie sie es Jahre vorher noch als primitiv oder niveaulos empfanden? Für eine demokratische, gleichberechtigte Betrachtungsweise, die zum Nachdenken anspornte, um aufgrund dieser freien, toleranten Meinungsäußerung, egal, ob schwarz, weiß, grün oder blaukariert, zum Nachdenken aufzufordern.

Man wird böse, sogar bitterböse, denn wir alle – und ganz speziell unsere Kinder – haben das Recht auf Fort- bzw. Weiterbildung und zwar in solch geregeltem Maße, dass es im Oberstübchen nicht ständig schmerzt und wir mit finsterer Miene versuchen, den ohnehin anstrengenden Alltag, zu meistern. Vorbei sind die Tage, an denen uns wenigstens in der Abendunterhaltung ein paar schlaue Köpfe gute Laune bescherten und uns alles andere vergessen ließen. Da erfreut man sich ja inzwischen mehr am tropischen Pflanzenwuchs im heimischen Garten oder den aufregenden Kochkünsten der liebenswerten Erika, die in ihrem Tun einer wandelnden Rezepte-Enzyklopädie gleicht.

Meine stark in Mitleidenschaft gezogene Hirnrinde verkrustet allmählich beim Gedanken daran, dass einige Leute nur über dummes, unhöfliches Benehmen und affektierte Wortwahl – zu der auch das pfiffige Auswendiglernen fremdsprachlicher Vokabularphrasen oder das unstimmige Aneinanderreihen von Fremdwörtern gehören, die sie selbst nicht verstehen – einen Platz in der Öffentlichkeit finden. Wobei die Gesellschaft früher solchen Nieten sicherlich keine Bühne bereitet hätte, sondern man sich lieber von kleingeistig-schrillen Clowns fernhielt. Man wollte nicht in einen imaginären Idiotentopf geworfen werden, denn wer etwas im Köpfchen hatte, konnte letztendlich auch mehr erreichen. Heute kann jeder die Schule abbrechen, muss laut Aussagen unbedeutender Juroren oder Moderatoren ohnehin nichts mehr lernen und darf ungeniert alles und jedem auf den Geist gehen, ob man möchte oder nicht. Da wird schnell gesagt: „Es muss sich ja keiner ansehen, es gibt ja die Power- oder Mute-Taste." Jedoch bin ich der Meinung, dass ich diese Einstellung genauso bescheuert erachte, wie diejenigen, die sie jedem mitzuteilen versuchen. Warum kann man nicht einfach dazu stehen, dass man selbst im Leben nicht allzu weit gekommen ist und das oberste Gebot der Faulheit sein Eigen nennt. Ich vergaß ... heutzutage wäre diese Einstellung ja schon ein Zeugnis für eine Karriere bei einigen Privatsendern.

Nun ... in der gegenwärtigen Zeit erreicht man scheinbar mehr, wenn man sich Lippen, Möpse oder ganz aktuell den Hintern bis auf die Ausmaße eines Zeppelins – man bedenke dabei, dass rein physikalisch jedem Behälter irgendwann einmal die Luft ausgeht oder dieser explodiert – aufbläst, bis diese schrägen Gestalten wie Frankensteins Monster umher torkeln. Okay ... für Selfies reicht es allemal, denn hierfür benötigt niemand ein Diplom oder muss monatelang für einen

Abschluss pauken oder studieren und sich nebenher noch den besagten Allerwertesten aufreißen. Die Millionen werden inzwischen von genauso dummen Menschen generiert, die sich täglich an den Wunderwerken der plastischen Chirurgie ergötzen. Immer fetter, größer, breiter – das Einzige, was nicht mehr angeregt oder benutzt wird ist das Gehirn. Vielleicht wurde ja auch schon die Hirnmasse der einen oder anderen „Prominenz" in das ballonartige Gesäß geschoben und beim letzten Versuch unnütze Pfunde dank portionsgerechter Abführhilfe zu verflüssigen, ergoss sich unglücklicherweise das letzte Stückchen Denkvermögen in den Entwässerungsgraben.

Früher versuchten sich selbstverliebte Idioten wenigstens noch zurück zu halten, d. h. ihre Meinung wurde nicht ernst genommen, da diese mit der allgemein, gültigen Moral nicht in Einklang gebracht werden konnte. Die Menschen widerte es an, wenn sich eine einzelne Person zu sehr ins Rampenlicht spielte, ohne jemals irgend etwas geleistet zu haben.

Dasselbe gilt für die Politik. Wir sind ja gewohnt, dass uns Politiker die Hucke volllügen, nur um kurze Zeit später wieder alles mit genau denselben Worten, wie es die Opposition bereits als Einwand formulierte, rückgängig zu machen. Allzeit mit markigen Sprüchen und in Gedanken immer zum Wohle des eigenen Volkes. Doch glauben wir überhaupt noch jemandem, der uns ständig belügt? Glaubt unsere „Elite" – dieser Begriff müsste für jene Herrschaften neu umschrieben werden – tatsächlich, dass wir ihnen noch ein Wort glauben? Wir leben in einer Welt, in der moralischer Anstand und ethische Verantwortung längst einem ungerechten Markt unterworfen wurden, mit denen nachfolgende Generationen noch lange zu kämpfen haben. Sagen uns nun Politiker, sie tragen an der Wirtschafts- und Bankenmisere keine Schuld, dann kann ich nur erwidern, dass eben genau jene „schwarz-rot-grüne" Politik die Verantwortung für die aktuelle Misere trägt. Nur die Politik konnte den Markt öffnen, nur deren Gesetze und fehlende Bestrafung haben dazu geführt, dass wir in einer Welt sozial unfähiger Egomanen und gedankenloser Raffsäcke leben. Wir könnten es ändern, jedoch verschließen wir lieber die Augen und geben dem Nachbarn die Schuld.

Machen Sie sich keine Gedanken, Sie tragen genauso wenig Schuld an der Misere wie meine Person. Wir haben einfach nur auf Versprechen vertraut und dieses Vertrauen wurde von vorne bis hinten für den eigenen Machttrieb und eine maßlose Geldgier missbraucht, wie wir es bis dato noch nicht erlebt haben. Ein gutes Beispiel: die öffentlich-rechtlichen Fernsehanstalten, die für 2016 nochmals einen Nachschub von 1,6 Milliarden Euro beanspruchen; über 8 Milliarden Euro im Jahr reichen scheinbar nicht aus, um den unmündigen Bürger zu schröpfen. Was daran „öffentlich", „rechtlich" geschweige denn „demokratisch" sein soll, verstehe ich beim besten Willen nicht!

Es wird nicht mehr gesehen, was der Einzelne tatsächlich leistet, sondern anhand des Vermögens – woher es stammt, wird seltsamerweise nicht mehr hinterfragt – und dank einer vom Bürger auferlegten Statusrolle innerhalb einer politischen Kaste wird positiv oder negativ bewertet.

Wir finden keine Antworten mehr darauf, was einem sozialen und vor allen Dingen moralisch-ethischen Gleichgewicht, egal, ob im Mittelstand oder der Arbeiterklasse, gut tun würde. Es fehlen ohnehin Antworten, denn wer möchte schon gerne die Wahrheit hören: das Grundgesetz ist inzwischen zu einem nutzlosen Werkzeug für Unschuldige, jedoch zu einem mächtigen Instrument korrupter Gestalten verkommen. Man wischt die Sorgen der Bürger mit einem emotional erschütterndem Appell aus dem Gedächtnis und bedient gleichzeitig mit Angst und Terror die Zügelung des hellen und wachsamem Geistes.

In unseren Köpfen spielen nur noch Ängste und Sorgen die Hauptrolle und wir vergessen dabei jede Art von Menschlichkeit, wie es Flüchtlinge oder sozial Schwächere, wie z. B. Kinder verdient hätten. Wir schaffen durch die allgegenwärtige Manipulation der Medien nicht einmal mehr das geistige Abwägen von Gut und Böse. Wir lesen nicht mehr zwischen den Zeilen, wir erkennen keine Graustufen, sondern sehen nur noch Schwarz und Weiß. Wir deuten kein Kleingedrucktes, welches inzwischen nicht einmal mehr den Versuch unternimmt, sich hinter großen Lettern zu verbergen, um später für Ungemach zu sorgen.

Jegliche moralische Verantwortung wird totgeschwiegen, jede offenbarte Lüge im Munde eines vermeintlich verwirrten Geistes – Wutbürger, Traumtänzer, sozialistisch Verblendeter, Rechtsaußenmarschierer – verdreht, bis dieser daran erstickt oder tatsächlich in die Irrenanstalt eingeliefert wird, nur weil ihm die Gesellschaft, die eigentlich erkennt, dass sie dreist belogen wurde, keinen Schutz gewährt. Jenen demokratischen und menschlichen Schutzschild, den jeder Unschuldige verdient hätte. Jedoch ... vielleicht hatte er nicht genug Kapital, um sich freizukaufen oder glaubte einfach nur naiv an Gerechtigkeit und ehrbare Richter.

Wie Sie bereits spüren, ist mein Sarkasmus längst auf der Strecke geblieben, dies liegt auch daran, dass der zwischen-menschliche Umgang mittlerweile eine Form angenommen hat, der mich zutiefst erschüttert. Sei es eine normale Rück-meldung, die sympathische Art „Danke" zu sagen, eine Antwort auf eine Frage oder ein simples Lächeln – ich spreche hier von keinem scheinheiligen Strategie-talkshowgegrinse – im höf-lichen Umgang miteinander, all das scheint vergessen und in die Knigge-Mülltonne getreten zu werden. Ethik, Moral, Dankbarkeit, Respekt – Sie wissen schon, wie es uns früher von unseren Eltern oder Lehrern beigebracht wurde – all das wird für einen schnellen Euro flugs unter den Teppich des vermeintlichen Wachstums gekehrt, den ich derweil eher als löchrig und krank empfinde. Früher wurde eine moralische Verfehlung, egal, welcher Art, nicht einfach ein paar Tage später vergessen, sondern dem Schuldigen im gemeinsamen Tenor solange aufs Brötchen gebuttert, bis dieser sich wenigstens dafür entschuldigte – und zwar aufrichtig! – oder verantwortungsbewusst seinen Posten räumte.

Früher ... das klingt sehr an Großvaters Zeiten und dem stark versalzenen Linseneintopf bei Pfarrer Braun. Aber nein ... es ist, wie bereits erwähnt, noch gar nicht so lange her. Mit der Sucht nach selbstverliebter Anerkennung und einem kranken Geltungsbedürfnis, wie man es eigentlich nur von stupiden Egomanen kennt, vergaßen die Menschen – unsere Gesellschaft – was es bedeutet, positiv und besonnen miteinander umzugehen; unsere Herzen zu öffnen und mutig und freundlich einander zu begegnen.

Dieses Buch ist all denen gewidmet, denen der inzwischen weit verbreitete Egoismus und verloren gegangene Werte innerhalb unserer Gesellschaft, gehörig auf den Wecker gehen. Dieser krankhafte Egotrip erlesener DAX-Dumpfbacken und selbsternannter Dagoberts, der uns beißt und piesackt, genau an jener Körperstelle, die man selbst nicht erreicht, muss beendet werden. Sie wissen schon, dieses juckende Gefühl, dass partout nicht aufhören will, bis man fast schreiend durch ein Fenster hüpft, in der Hoffnung, die durch den unvermeidlichen Aufschlag auftretende Stille, lässt den letzten denkenden Menschen endlich Frieden finden.

Doch sollten wir wieder anfangen zu denken, uns nicht zu verstecken, aus purer Sorge, wir könnten etwas verlieren. Haben wir aufgrund der geistigen Rückentwicklung und der überhand genommener Gier innerhalb unserer Gesellschaft nicht ohnehin schon viel zu viel verloren und sind wir nicht selbst schuld daran, wenn uns dummdreiste Personen undankbar und respektlos behandeln?

Vielleicht finden wir einen gemeinsamen Weg – ohne grobe Schuldzuweisungen – finden zurück zu Ethik, Dankbarkeit, Kreativität, freundlicher Etikette und jenen menschlichen Werten, die ich selbst seit langem suche.

POESIE

POESIE BEWEGT
HIMMEL UND ERDE

· 02 ✕ 19 ·

Kapitel 2 – Poesie

Ich vermisse die Zeiten, in denen meine Großmutter zur Abendstunde an unserem Schlaflager ein Märchenbuch zur Hand nahm und uns daraus vorlas. Ihre sanfte Stimme trug uns davon, in eine andere Welt und ließ uns träumen, von Abenteuern in fernen Ländern, in denen alles möglich war, solange man daran glaubte.

All diese Träume scheinen sich mit dem Erwachsenwerden in Wohlgefallen aufzulösen, gerade so, als ob wir im Alter nicht die gleichen Träume und Wünsche verfolgen, an die wir im Kindesalter noch geglaubt haben. Nun, der eine oder andere glaubt wohl tatsächlich, dass sich manche Träume nicht erfüllen können, aber liegt es nicht an uns, jedem Einzelnen, genau das zu ändern?

Es fehlt mir inzwischen die Poesie zwischen den Zeilen der kreativen Köpfe unseres Landes. Dies liegt wohl daran, das genau diese Art des intellektuellen Freigeistes nicht mehr gelehrt wird. Wer benötigt schon schöne Worte, wer soll zwischen den Zeilen lesen und sich über eine Botschaft – egal, ob visuell oder gedanklich – Gedanken machen, wenn man doch in den Setzkasten der PR-Phrasen greifen kann, um sich über den Namen einer Marke oder eines Künstlers zu profilieren.

Ich kenne einige Unternehmen, die inzwischen Umsatzeinbußen in den Keller karren, da ihnen einfach das Auge für das Schöne, die Poesie ihrer Marke, abhanden gekommen ist. Es lässt sich eben nicht alles mit Reichweite oder dem ewig gleichen Werbemüll, der uns täglich überschwemmt, verkaufen. Hier muss sich wieder mehr tiefgreifende Mühe gegeben werden und nicht nur das Produkt im Scheinwerferlicht glänzen. Für dumme Leute reicht dies vielleicht aus, denn sie selbst möchten ebenso auf einer Bühne stehen, ohne dafür nur einmal hart arbeiten oder geistig aktiv werden zu müssen.

Es wird Zeit, endlich wieder Geist und Frischluft in die Köpfe der Menschen strömen zu lassen. Einen Geist von Poesie, von stilvollem Umgang und vor allen Dingen Menschlichkeit, denn das ist mehr wert und führt seit jeher zu neuer Vielfalt. Gibt es nichts Schöneres, als die geschwungenen Formen eines ausgeklügelten Designs, welches anmutig, fast grazil, dem Auge des Betrachters all die Träume und Ideen des visionären Schöpfers offenbart und uns daran teilhaben lässt?

Jedenfalls fällt es mir schwer, Produkte von Unternehmen zu erwerben oder prominenten Köpfen zuzuhören, die nur noch Umsatzerlöse im Kopf und dabei die Poesie der eigenen Marke, des eigenen Namens komplett verdrängt haben. Jene Poesie, die in glorreichen Tagen das Produkt oder den Künstler erst zu einer außergewöhnlichen Frucht des Geistes geformt und somit Käufer und Fans gefunden haben.

Ich nenne dies gerne poetische Offenbarung, die uns ein Künstler, egal, welcher Epoche oder Branche er entsprang, vollständig seinem visionären Geist und Federstrich entsprechend, schenkte. Schweben Künstler erst dann von ihrem Elfenbeinturm herab, weil es der Manager befiehlt, sind diese mit ihrer Meinung ohnehin meistens zu spät oder inzwischen fehl am Platze. Aber hey … man kann ja mit aktuellen Geschehnissen immerhin gute PR bewirken und damit Geschäfte im eigenen Sinne ankurbeln, nicht wahr?

Ich entdecke Werbebotschaften, in denen dummdreiste Filmchen heruntergespult oder C-Promis irgendeinen dämlichen Slogan herumträllern, die man diesen Leuten einfach nicht mehr abnimmt. Hauptsache, es wird Kohle in die Kassen der „Medienschöpfer" gespült, egal, auf welche Art und Weise. Früher hätte man sich als Werbe- oder Marketingbotschafter – ich spreche hier von den Künstler, die sich für jeden Mist oder Zeitung vor den Karren spannen lassen – für solche Volksverblödung in Grund und Boden geschämt, heute scheint es wichtiger zu sein, irgendwie etwas zu verfassen, auch wenn es noch so oberflächlich und plump wirkt.

Schönheit der Worte

Man spürt selbst als geistig Minderbemittelter, dass hier jener Feinschliff eines ernsthaft denkenden Kreativen fehlt. Aber woher soll der fehlende Einfallsreichtum rühren, die Poesie des Ganzen, wenn man Dinge wie Moral, Ethik, Lyrik oder die Schönheit der Worte nicht einmal mehr in der Schule oder an der Universität lernt.

Wohin führen uns gleichgültig zusammengestückelte Texte von Menschen, die das Wort Poesie nicht einmal im Ansatz verstehen, greifen können und der Federführung ihres elektronischen Tablets keine Liebe schenken, sondern ihr Hauptaugenmerk auf nüchtern zusammengesetzte Textbausteine legen, denen jene Tiefe fehlt, die uns früher genau jene Träume schenkten, an die wir heute nicht mehr glauben mögen.

Worte werden inzwischen zusammengestaucht, um einen Leser zügig abzufertigen – und das in jedem Lebensbereich, ob Privat oder Geschäftlich. Oder nehmen Sie sich noch die nötige Zeit, einen Menschen aufrichtig nach seinem Befinden zu fragen? Falls ja, gehören Sie zu jenen intelligenten Lebewesen, die noch zwischen den Zeilen lesen können und verstehen, was es bedeutet, Poesie mit Verstand zu kombinieren.

Poesie der Sinne

Poesie ... sie fehlt mir inzwischen genauso sehr, wie aufrichtige Gefühle für das Schöne in unserer Welt. Produkte sollten nicht mehr nur abgewirtschaftet in eine Ecke gestellt, sondern mit poetischem Ansatz betrachtet werden. Denn sie haben uns gedient, manchmal länger, manchmal kürzer – aber sie waren immer für uns da. Es darf nicht mehr nur konsumiert werden, es muss auch danach gestrebt werden, das erworbene Gut zu genießen.

Liebe Lehrer! Wir brauchen Euch in diesem Kampf für mehr Freigeister!

Wir benötigen wieder kreative Denker und vor allen Dingen Lehrer, die unseren Kindern diese Art der Poesie vermitteln. Aufgeschlossene Lehrer, die dafür kämpfen, dass sich Kinder Gedanken über ihr Handeln machen, ob im ästhetischen oder moralischen Sinne. Unsere Kinder sollen den Sinn hinter Versen verstehen und begreifen, was es bedeutet, ein Schön- und Freigeist zu sein.

Es klingt in egoistischen Zeiten wie diesen einen Hauch naiv, aber fehlt uns nicht genau diese kindliche Naivität, um wieder freundlicher im Umgang miteinander zu werden und mutig an unsere Träume zu glauben?

Ich glaube daran, dass man Träume erreichen kann, auch wenn einige wenige uns diese Träume gerne verbieten möchten, nur um nichts abgeben zu müssen. Designer von Produkten und deren schöpferische Poesie können für mich nur großartige Träumer sein, denn wie sonst könnte man solch filigrane Formen in Kleider aus Stahl, Beton oder Stoffe gießen, welche wir unser Eigen nennen möchten. Poesie bedeutet für mich die fabelhafte Kunst, gerade Linien oder geschwungene Kurven mit der Zuversicht eines modernen Zeitgeistes verschmelzen zu lassen.

Ich danke allen Designern, Architekten, Dichtern, Malern, Textern, Künstlern, Fotografen, Musikern, Träumern und Freischaffenden für ihre Werke, Visionen und jene Poesie, die sie uns mit jedem ihrer großartigen Werke schenken möchten.

Und ich danke allen Lehrern, welche mit großem Kampfgeist täglich versuchen, jene Poesie in die Köpfe unserer Kinder zu meißeln, um großartige Träumer zu formen, denen Werte und Visionen noch etwas bedeuten – im Herzen sowie im Geiste.

GLAUBE

GLAUBE BEDEUTET
EMOTIONALE INTELLIGENZ ZU LEBEN

· 03 ✕ 19 ·

Kapitel 3 – Glaube

Glaube ist wichtiger denn je geworden, denn wir müssen wieder an etwas glauben. Wir müssen unseren Kindern Glauben und damit Zuversicht auf eine solide Zukunft schenken, das sind wir ihnen schuldig.

Wir machen uns schuldig, wenn wir immer mehr weg sehen und aus purer Feigheit nicht mehr handeln. So verfallen Werte wie Respekt, Höflichkeit und Anstand im Angesicht von Korruption und schamloser Gier. Ich sehe Menschen, die auf die Straße gehen, um für eine bessere Schulbildung oder nur für etwas mehr Essen zu demonstrieren und sehe, wie genau diese Menschen mit Tränengas und brutaler Gewalt niedergeknüppelt werden. Nur, weil diese armen Menschen keinen Sinn in korrupten Fußballveranstaltungen sehen, von denen sie ohnehin nicht profitieren. Denen monströse Arenen in bis dahin unberührter Natur diktiert werden, ohne sie vorher zu fragen? Nur weil alte, längst überdauerte Betonköpfe exorbitante Summen an Geld austauschen, ohne darüber nachzudenken, wo und was sie ohne diese Menschen [=Fußballfans] wären: Nichts!

Genau jene soliden Hohlköpfe, die lächelnd über jede Art von Korruption oder Verrat hinweg täuschen und niemand etwas dagegen unternimmt, nicht einmal die Starfußballer in ihren schicken Luxusboliden, zu denen Tausende von Kindern voller Ehrfurcht empor sehen. Es wird uns scheinbar inzwischen gelehrt, alles hinzunehmen, ohne nur einen Ton zu sagen. Dieses System ist krank, denn die Balance ist seit langem gekippt, der Glaube vernichtet.

Dabei könnten einige wenige mächtige Menschen endlich alles wieder ins rechte Lot setzen und den Völkern damit vermitteln, dass nicht alle Reichen habgierig sind oder nur an sich selbst denken. Wo sind diese Helden, denen man wieder Glauben schenken kann? Warum vereinen sie sich nicht zu einer schlagkräftigen Truppe, um den Menschen zu helfen und sich selbst als Helden feiern zu lassen. Ich würde ihnen zujubeln und danken, denn wir benötigen wieder mehr Respekt, Helden und den Glauben daran, das wir am Leben sind. Menschen und keine abgestumpften Zombies, die nur an Geld und Besitztümer denken.

Glaube bedeutet Vertrauen

Glauben Sie mir, ich bin kein Wanderprediger, geschweige denn weiß ich, was die Zukunft bringt. Jedoch weiß ich, dass wir Menschen wieder mehr glauben müssen. Glaube steht gleichbedeutend mit Vertrauen, jenes Vertrauen, was wir seit langem verloren haben. Das ist auch der Grund, warum die Kirche Gläubige verliert. Da bringt es nicht allzu viel, ein neues Oberhaupt zu wählen, da sollte man lieber die „entsorgen", die dafür verantwortlich sind, dass unsere Kinder und wir an nichts mehr glauben.

Da sollte die Kirche zeigen, wie sehr ihr der Glaube und die Menschen tatsächlich am Herzen liegen und nicht den Eindruck von korrupten Politikern erwecken. Die Kirchen würden sich wieder füllen, wenn den Menschen gezeigt wird, dass die Kirche für etwas Gutes kämpft, sich einsetzt und tatsächlich für die Schwachen einsteht und gibt.

Wegsehen, weil es evtl. dem eigenen Klingelbeutel schadet, bedeutet sich selbst schuldig zu machen. Weder höre, noch sehe ich einen einzigen Geistlichen, der sich vehement in der

Öffentlichkeit zeigt, einmischt und schützend für die Armen und deren Interessen einsetzt. Stattdessen wird auf allerhöchstem Niveau in Eintracht gejammert, warum der Glaube schwindet. Die Kirche hat an Macht verloren, weil sie korrupten Dorftrotteln mehr glaubt, als den Menschen, die sie brauchen. Da muss sich niemand wundern, wenn diese Kirche niemand mehr ernst nimmt, geschweige denn Glaube schenkt.

Lebt diese Kirche nicht vom Glaube?

Wäre ich Prediger oder Priester, ich würde einen mächtigen Donnerschwall denen entgegen schleudern, die Menschen Böses tun und nur an sich selbst denken! Egal, welchem Gott sie ihr Vertrauen schenken, egal, welche Götter sie preisen, Menschen, die ehrlich glauben, sind glaubwürdig!

Geht der Glaube verloren, woran soll sich der Mensch noch orientieren?

Ausschließlich an Versprechen, die dann sowieso nicht gehalten werden? Ich finde es unglaublich und fragwürdig, wie sehr mit den Gefühlen der Menschen von Politikern und geistigen Oberhäuptern gespielt wird. Da werden Korruption und Lügen einfach nach ein paar Wochen vergessen, unter den Teppich gekehrt. Das ist Tagesordnung, kalt lächelnd wird darauf beharrt, dass man etwas geleistet hat, aber woher kam die ganze Kohle für diese Leistung? Natürlich von Familien und von den Menschen, die vertraut und geglaubt haben.

Wir sind Marionetten geworden, die allem bereitwillig zusehen, nur weil uns der Mut fehlt, Veränderungen in Kauf zu nehmen, die das gesamte korrupte System zusammen brechen lassen würden. Deshalb gibt es inzwischen auch keine Politiker mehr, denen man etwas glaubt, denen man vertraut. Es ändert sich ja sowieso nichts, wählen sie aber trotzdem weiter. Worüber genau regen Sie sich dann eigentlich auf? Dann ist doch alles bestens. Dann ist es gut, dass unsere Kinder immer abgestumpfter werden und das Bildungssystem immer mehr verrottet, sogar ganze Klassen von Privatschulen komplett durchfallen. Es ist doch egal, dann bezahlen wir eben einfach etwas mehr und die Welt ist wieder in Ordnung.

Nein ... ist sie nicht, denn die Welt hat aufgehört zu glauben und das nur, weil seit Jahren Menschen an der Macht sind, die sich einen Teufel um Gewissen oder Ehre scheren. Es wird immer behauptet, es liegt am Kapital, an den Banken. Nein, es liegt an uns, denn Geld ist wichtig und wir benötigen ebenso Banken, wie Bäcker, die mit uns gemeinsam aufrichtigen Handel betreiben.

Ihr Herz und Ihr Verstand entscheiden!

Wählen Sie wieder nach dem Herzen und nicht nach einer Politik, die uns zu stupiden, einsamen Egomanen werden lässt. Die Gemeinschaft wird zerrissen, denn allein sind wir zu schwach, um zu erkennen, was es bedeutet, verarscht zu werden. Allein haben wir es immer schwerer zu kämpfen, aber ist Ihnen schon einmal aufgefallen, was den Helden ausmacht? Er kämpft meistens ebenso allein, aber glaubt wenigstens an eine gute, gemeinsame Sache.

Leben Sie Ihre Träume und lassen Sie andere daran teilhaben. Unterscheiden Sie zwischen Scharlatanen, die sich als Alptraum in Ihre Träume schleichen, um sich daran zu bereichern. Erkennen und glauben Sie daran, welcher bzw. wie viel Sinn hinter Ihrem Wunsch, Ihrer Vision oder Ihrem Erfindergeist tatsächlich steckt.

Hören Sie bitte auf, verlogenen Politikern oder geistig-vernebelten Trittbrettfahrern alles zu glauben, die sich nur auf hohlen Phrasen, falschen Versprechen oder Ihren Träumen ausruhen. Sie haben die Macht und wissen es auch, nur gehört Mut dazu, es offen zu sagen. Verweigern Sie den Menschen das Kreuz auf dem Stimmzettel, denen Sie keinen Glauben schenken! Wie Sie sehen, so ein Kreuz war seit jeher ein mächtiges Instrument.

Glaube versetzt Berge!

Glauben Sie einfach an sich selbst, unsere Gemeinschaft, glauben Sie bitte wieder an irgendetwas und sei es noch so winzig, denn dann leben und lieben Sie wieder den Traum, etwas zu erreichen.

Machen Sie kleine Schritte und denken Sie daran, wie es früher war, als Sie noch den jugendlichen Glauben an eine Chance im System für jeden Menschen hatten, egal, welcher Herkunft. Lassen Sie sich nicht unterkriegen und versuchen Sie etwas zu bewegen, glauben Sie an sich und an uns, denn gemeinsam bewegen wir sehr viel.

Manchmal dauert es, aber wir wissen, dass es funktioniert. Wir wissen, wie es ist ganz unten zu sein, um sich wieder nach oben zu kämpfen. Warum? Weil ich glaube und weiß, dass wir geführt werden und das es noch eine kluge Art von Gerechtigkeit gibt. Egal, wie viel ein reicher Mensch an materiellem Gut besitzt, diese Art von Reichtum schützt vor keiner Strafe, die zwangsläufig jeden erreicht, der nur an sich selbst denkt, der nur nimmt und nichts gibt. Ich glaube, dass jeder für seine Taten irgendwann bezahlen muss oder dafür belohnt wird.

Ich glaube an das Prinzip „Geben und Nehmen".

Das mag in der heutigen Zeit naiv klingen, nur weil uns einige raffgierige Aasvögel erzählen, Gier sei gut und menschlich? Diese Typen können sehr gut argumentieren, ich habe sie selbst kennen gelernt und tatsächlich bin ich selbst darauf reingefallen, als mir von Politik, Richtern oder Unternehmern erzählt wurde, dass sie nächstes Jahr sicherlich an uns denken werden.

Das einzige, an was diese "Honks" denken, sind sie selbst bzw. die politische, interne Familienversorgung, denen es an nichts fehlt, auch wenn dafür sehr vielen anderen großes Unrecht widerfährt.

Ich glaube daran, dass es da draußen wieder Helden geben wird, zu denen wir stolz aufblicken können und die uns inspirieren, weiter zu kämpfen, für die eine gute Sache, die für jeden von uns etwas anderes darstellt. Amen.

RESPEKT

DIE KLEINSTE FORM
VON LIEBE IST RESPEKT

· 04 ✕ 19 ·

RESPEKT BEDEUTET ANERKENNUNG

Kapitel 4 – Respekt

Die Idee zu diesem Buch ergab sich aufgrund meiner Tätigkeit als Verleger eines Männer-Magazins, denn seit vielen Jahren beschäftigen mich abenteuerliche Erlebnisse rund um das Thema „Werte", die anscheinend in den Köpfen vieler Menschen keinen Platz mehr finden.

Wie z. B. der herbe Verlust an Respekt in unserer Gesellschaft. Für viele heutzutage ein altmodisches bzw. lächerliches Thema, da es mehr an Kaiser Wilhelm oder eine Garde längst verstorbener Gentlemen repräsentiert, die in einem emanzipierten 21. Jahrhundert nichts mehr zu suchen haben. Sollte etwa die Emanzipation den Respekt verdrängt haben?

Ich glaube nicht, vielmehr ist es die Möglichkeit für einige Leute, bestimmte Dinge ad acta zu legen ohne sich wirklich Gedanken darüber zu machen. Hierzu gehören scheinbar auch Manieren und allgemein gültige Verhaltensregeln. Bedeutet respektloses Verhalten gleichzeitig mehr Erfolg im täglichen Leben?

Respekt ist für mich das mächtige Synonym für Wertschätzung.

Wertschätzung ... dies hört sich in den heutigen Tagen ebenso altmodisch wie das Öffnen einer Tür für eine Dame an. Jedoch öffnen wir Männer gerne die Türe für die holde Weiblichkeit, denn wir schätzen unsere weibliche Begleitung und zeigen dies auch in der Öffentlichkeit. Warum ist dieser Gedanke altmodisch? Wir bezahlen gerne die Rechnung nach einem fürstlichen Dinner und unterhalten gerne unsere weibliche Eroberung, sei es mit galantem Wortwitz oder innigem Austausch von Zärtlichkeit. Wir respektieren die Dame des Hauses und sollen dies aufgrund von ebenso in die Jahre gekommener Emanzipationsrechte aufgeben? Nur weil „frech" und „flapsig" – derzeit sehr gut in Werbespots französischer Autohersteller für weibliches Klientel zu beobachten – inzwischen zum Stil des 21. Jahrhunderts und das rüde „Verarschen" anderer Menschen zum guten Ton gehören?

Aber es ging ja eigentlich um die Frage der Wertschätzung, um Respekt. Schätzen wir unser Gegenüber eigentlich noch mit dem entsprechenden Wert oder ist der andere nichts mehr wert, wenn kein Nutzen erbracht wird? Wo fängt der Nutzen an, wo hört er auf?

Schätzungen sind nicht mehr als vage Vermutungen, wird der Wert eines Menschen also inzwischen nicht mehr geschätzt, da die Meinung von Papierstrategen oder geschätzte Zahlen auf einem Zettel oder in einer PowerPoint-Präsentation schwerer wiegen? Wer entscheidet darüber, was wir Männer wertschätzen? Sind es die gleichen Leute, die unser „wahres Werte"-Denken für altmodisch bewerten, selbst aber seit Jahrzehnten dieselbe Leier vom „Wir wissen, was gut für den Mann ist!" predigen? D. h. Männer erkennen keine Mode, nur weil sie einen Schuh länger als 2 Jahre tragen und damit die Marke „wert"-schätzen? Sind wir Männer deshalb schwierig und somit für viele „Experten" so schwer erreichbar? Woher kommt diese These, findet man hier die Antwort auf den Verlust von Respekt?

Es sind doch beide Seiten, weibliche und männliche Vertreter, die für bestimmte Marken alles tun würden, um diese zu erwerben. Bei den Frauen sind es Schuhe,

Handtaschen und modische Accessoires, die täglich über den Tresen wandern. Bei Männern mehr technische Gadgets und fahrbare Vehikel jeglicher Kategorie, aber auch Dinge fürs tägliche Leben. Interessanterweise wird uns aus einzelnen „Expertenkreisen" immer wieder erklärt, dass männliche Publikum sei in Sachen Medien – Schwerpunkt „Lesen" – und öffentlicher Wahrnehmung „schwierig" und „schwer erreichbar". Nur weil Männer nicht 80% eines Zeitschriftenladens mit bunter "Fachliteratur" einnehmen, heißt das noch lange nicht, Männer lesen nicht viel oder interessieren sich ausschließlich für Fußball, Bier und alte Socken!

Wir Männer funktionieren definitiv einfacher, als viele „Experten" glauben! Wenn Männer sich für eine Sache entscheiden, dann von ganzem Herzen und nicht um einen begehbaren Kleiderschrank damit zu füllen, um gleich wieder loszulaufen, um ein weiteres Teil hinzufügen zu können ohne es jemals zu tragen. Es geht sogar noch tiefer in die männliche Seele, die sich jeden Tag aufs Neue überlegt: Wann schätzt man[n] etwas wertvoll ein? Wann beginnt Wertschätzung und der damit verbundene Respekt?

Männliche Beispiele sind die seit Jahrzehnten getragene Jogginghose oder die mehrfach mit kunstfaserkleberollenfixierten Turnschuhe. Wir Buben trennen uns nicht einfach von Dingen, die seit vielen Jahren unser Leben begleiten. Wir schätzen den Wert bestimmter Dinge so hoch ein, wie es früher bereits die Kreuzritter mit ihrem Zweihänder getan haben. Festhalten und nicht sofort entsorgen, nur weil es augenscheinlich keinen Wert mehr hat.

Vom Vater zum Sohn, so war es immer schon!

Ein Werbeslogan der 80er, der die Menschen über mehrere Jahre mitgerissen hat. Warum eigentlich? Nein ... ich frage keine „Experten", denn ich habe zwei echte Experten in der Familie, meine beiden Söhne. Und wenn ich meinen beiden Söhnen etwas vererben werde, dann meine Meinung zu Respekt und Wertschätzung von Personen und Elementen. Dinge, die die beiden noch lange nutzen können. Dinge, die wertbeständiger sind, die mehr Ideologie besitzen, als jeder begehbare Kleiderschrank jemals sein oder verstehen wird.

Mein Zweit-Vater sagte mir: „Respekt musst Du Dir erst verdienen!" Ich glaube fest daran, dass diesen Ratschlag viele Väter ihren Söhnen auf den Weg gegeben haben und geben werden. Und so nehmen wir Männer nicht alle Dinge für selbstverständlich, sondern bewahren viele Besitztümer sehr lange auf, denn wir haben schließlich hart dafür gearbeitet. Es sind für uns Männer sozusagen und mit leicht philosophischem Ansatz „Kostbarkeiten des Herzens", die wir irgendwann an unsere Söhne und selbstverständlich auch Töchter weiter geben.

Was bedeutet Respekt nun letztendlich?

Respekt und Wertschätzung sind ein kostbares Gut, denn jeder Mensch, jede Angelegenheit, jedes Gut sollte respektvoll behandelt werden. Sollten wir nicht alle diesen einen Punkt an Respekt, egal, ob es um unsere Mitmenschen oder materiellen Besitz geht, täglich neu formen und pflegen? Bedeuten unhöfliche Umgangsformen, dass die tägliche Wertschätzung keinen Belang mehr hat?

Der Umgang, das respektvolle Miteinander und unser Verhalten können sich nur verändern, solange wir daran arbeiten. In einer schnelllebigen Zeit ist nichts wichtiger als Bestand, ein „alter" Wert, den viele tagtäglich im Umgang miteinander vermissen.

Mit Respekt zeigen wir, dass wir unsere Mitmenschen schätzen und zollen den nötigen Tribut, egal welchem Stand der-/diejenige angehört oder welchen Beruf der-/diejenige ausübt. Der Wert des Menschen bezieht sich grundlegend aus der Wertschätzung des oder der anderen.

Altmodisch? Nein ... nur nachdenklich.

LIEBE

LIEBE BEDEUTET
ÜBER GRENZEN ZU GEHEN -
UND SOGAR WEIT DARÜBER HINAUS

· 05 ✕ 19 ·

OHNE DICH ... KEINE LIEBE

Kapitel 5 – Liebe

Warum fällt es – insbesondere uns Männern – so schwer „Ich liebe Dich" der Angebeteten mit glückseliger Wonne und Sonne im Herzen entgegen zu schmettern?

Liegt es daran, dass Frauen prinzipiell der Meinung sind, dass wir bösen Buben dann etwas ausgefressen haben? Oder nur ein spezieller Anlass, wie z. B. Valentinstag, Weihnachten oder der Jahrestag dafür der Grund sein müssen? Wann schafft es ein Mann diese Worte ohne Stottern und bebender Stimme in die heimelige Ohrmuschel zu flüstern?

Betrachten wir uns „Ich liebe Dich" näher

Wir Männer „lieben" sehr viele Dinge. Unsere süßen Rotzgören, unseren prestigeträchtigen Nobelhobel, knallharten Sport in der heimischen Glotze, einen gut sortierten Kühlschrank voll eisgekühlter Getränke, unsere über die Jahre hinweg körperproportionierte Couch und etwas Delikates zum Schnabulieren vom lodernden Holzkohlegrill. Moment ... und natürlich unsere innig verehrte Frau, Freundin oder Geliebte – was gerade so greifbar ist. Die Reihenfolge der ans männliche Herz gewachsenen Dinge variiert natürlich im Laufe der Jahre und damit auch die Wortwahl; was es der Spezies Mann aber nicht einfacher macht „Ich liebe Dich" zu sagen.

Wer Liebe schenkt, erntet Vertrauen

Wann ist der richtige Moment für Gänsehautatmosphäre? Auffällig ist die Tatsache, dass ein geschriebenes „Ich liebe Dich" einfacher fällt, als die Wortwahl beim persönlichen Augenkontakt. Und falls man[n] sich doch zu einem

Liebesgeständnis durchringt, dann sind ausländische Artikulationen wie „Ti Amo", „I love you" oder „Je t'aime" definitiv einfacher in Worte zu fassen als deutsches Wortgut. Liegt es daran, dass wir Deutsche in der sprachlichen Vergangenheit eine zu harte oder langsilbige Formulierung erfunden haben? Daran kann es nicht liegen, ansonsten würden wir sicherlich nicht nach deutschen Synonymen und Sätzen wie „Ich mag Dich", „Du bist mein Schatz" oder „Ich hab Dich ganz doll lieb" suchen.

Das Problem ist eher die Kombination aus „Liebe" und „Dich". Denn „Liebe" ist – und das wissen wir feinsinnigen Männer ganz genau – etwas so Gigantisches, so Mächtiges, so Feinfühliges, mit so viel Herzschmerz verbundenes, das wirft man[n] nicht einfach so in den Raum. Das kommt von ganz innen und ist – ähnlich wie eine Fußballweltmeisterschaft – ein kaum beschreibbares Glücksgefühl.

Sensible Forschungsarbeit bei der korrekten Wortwahl!

Es laut zu sagen, hinauszurufen, in den Wind zu schreien, ohne Hemmungen, das fällt sehr schwer und kann man[n] nur nach entsprechender männlicher Entdeckungsreise. Oft wird uns Männern unterstellt, dass wir nur mit unserem besten Kameraden unterhalb der Gürtellinie denken. Stimmt ... das machen wir auch. Nur, unser bester Kamerad entscheidet in einer empfindlichen Vorauswahl, ob aus einem kleinen Techtelmechtel eine große Liebe entstehen kann. Dafür sind beste Kumpels doch auch da. Warum sollte unser Gehirn nicht durch eine mehr oder weniger große „Antenne" sensible Forschungsarbeit für unser weiteres Dasein leisten. Dies ist auch der Grund, warum viele Männer nach einer Nacht nicht mehr zurück rufen. Da war keine Liebe im Spiel, sondern durch sensible Prüfung stellte sich heraus, dass diese Dame nicht die richtige war. Es passte einfach nicht für das große „Ich liebe Dich".

Es sei uns Männern verziehen, denn auch Frauen sind hinsichtlich eigener Forschungsergebnisse und tagelangen wissenschaftlichen Auswertungen mit weiblichen Artgenossinnen ähnlich bemüht den Richtigen zu finden.

Liebe ist ja eigentlich nur ein Wort, 5 Buchstaben, nicht mehr, nicht weniger

Dieses eine Wort birgt so viel Macht, kann so viel erreichen, aber auch zerstören, wenn es den falschen Menschen erreicht oder falsch formuliert wird. Liebe ist ein so empfindliches Wort, dass „ER" sorgfältig überlegt, wem er es in der entsprechenden Wortkombination gesteht.

Soll das etwa bedeuten, dass wir Männer unsere Wortwahl tiefsinniger treffen als das weibliche Geschlecht? Nein ... wir Männer denken tatsächlich darüber nach, wann der richtige Zeitpunkt gekommen ist, um es der durchweg sympathischen Herzdame mitzuteilen. Nämlich dann, wenn wir merken, dass es eine wahrhafte Weggefährtin ist, die es auch verdient, geliebt zu werden. Eine Frau, die mit uns gemeinsam den Weg des Lebens beschreitet.

Ein Mann überlegt sorgfältig, wem er sein Fahrzeug leiht, wem er seine Seele anvertraut und sein größtes Vertrauen und damit seine Liebe und sein Leben schenkt. Leben ist im Grunde dasselbe wie Liebe, denn aus Liebe entsteht Leben.

Liebe bedeutet Partnerschaft

Die entscheidende Frage liegt jedoch viel tiefer, vor allem für die Damenwelt: Wann liebt er, wann entbrennt ein Mann von ganzem Herzen für die berühmten Worte? Ein vergessener Valentinsgruß? Eine Unachtsamkeit hinsichtlich des gemeinsamen Jahrestages? Dies sind nur theoretische Zeitfenster! Nicht durch Worte lieben Männer, sondern durch Taten.

Achten Sie darauf, wie er Sie betrachtet, wie er Sie berührt, nach Ihren Gesten sucht, mit seinen Augen verschlingt, dem Klang Ihrer Stimme lauscht und trotz männlichen Stolzes nach weiblichem Rat sucht. Gedankenlosigkeit oder kein adäquates Geschenk zu marketingstrategischen Anlässen wie Valentinstag haben nichts damit zu tun, dass er Sie nicht [mehr] liebt.

Eine herausragende männliche Eigenschaft ist die ständige Suche nach neuen Herausforderungen und neuen Abenteuern. Der männliche Geist möchte hinausfliegen und den Schatz heben … und dieses Gut mit seinem unersetzbaren Weib teilen.

In guten wie in schlechten Tagen

Für uns Männer bedeutet Liebe zum Partner insbesondere Zusammenhalt, egal, welcher Sturm am Horizont aufzieht, wir halten zusammen. Wir segeln unser Schiff über die höchsten Wellen, überqueren gemeinsam die tiefsten Flüsse, erobern im Zweiklang unserer Herzen die höchsten Gipfel und kämpfen Rücken an Rücken die größten Schlachten. Denn wenn die Schlacht geschlagen, sich der Sturm gelegt und wir gemeinsam für eine Sache gekämpft haben, erst dann können wir auch mit den Tiefen – die es in jeder Beziehung gibt – umgehen und verstehen, was Liebe füreinander eigentlich bedeutet.

Kein Verrat, keine Lügen, kein Besitzdenken, gemeinsam durch Dick und Dünn

Wir Männer möchten die Welt gerne mit unserer besten Freundin, unserer Geliebten, unserem Weib entdecken und frei erl[i]eben. Denn wofür lohnt sich die Liebe, wenn nicht für die eine Frau, die begehrenswerte Weggefährtin und Vertraute des Herzens!

Liebe bedeutet über Grenzen zu gehen, sogar weit darüber hinaus, um neue Grenzen zu erfahren, zu erleben, letztendlich wieder gemeinsam das Vertraute aufs Neue zu entdecken und zu lieben.

Ohne Girl, kein Bond. Ohne Julia, kein Romeo. Ohne Sally, kein Harry. Ohne Bonnie, kein Clyde. Ohne Trinity, kein Neo. Ohne Lady, kein Gentleman.

Ohne Dich ... keine Liebe.

H B
TRUE AIM
EST 1966
STOLZ
STOLZ
SEID MUTIG UND AUFRECHT IM HERZEN
NUR SO BLICKT IHR AUF EIN LEBEN
VOLLER STOLZ ZURÜCK
· 06 X 19 ·
STOLZ IST DER AUSDRUCK FÜR VOLLBRACHTES

Kapitel 6 – Stolz

Verzeihen Sie meine Wortwahl, aber ich könnte kotzen, wenn ich die tägliche Berichterstattung über die 20. „Rettung" Griechenlands oder die hilflose Flüchtlingspolitik lese. Rettung oder Hilfe: schöne Wörter der Propaganda-Maschinerie unserer Politikstrategen. Wie wäre es mal mit der Rettung einer hart arbeitenden Gemeinschaft? Die soziale Partei unseres Landes könnte hier endlich mal wieder das sein, was sie zuletzt unter Willy Brandt war: sozial, menschennah und vor allen Dingen demokratisch! Es wäre schön, wenn die Spitze dieser Partei zu ihrem Wort – ich sage nur Vorratsdatenspeicherung – stehen würde ... aber welcher Politiker macht das heutzutage noch?! An welcher Goldmünze ist eigentlich der Stolz dieser Leute haften geblieben?

Ein Posting für die Boten unserer Zeit

Kein Wort über die Streiks von Menschen, die sich jeden Tag den Allerwertesten aufreißen, nur damit wir zufrieden unseren Wohlstandsbauch streicheln. Der Streik der Postboten – ein wahrlich harter Job, der gewiss mehr Aufmerksamkeit und Unterstützung unsererseits verdient hätte – geht nun in die 4. Woche! Diese Menschen fordern einfach nur einen festen Vertrag, mehr nicht! Und das sind uns unsere Postboten nicht wert?! Wir sollten uns schämen! Hauptsache unser Augenmerk bleibt bei der Rettung von europäischen Staaten oder technischen „Raffinessen" wie beispielsweise SmartWatches, die ohnehin niemand benötigt. Briefträger sind Menschen ... und genau die brauchen wir dringender denn je. Deshalb sollte auch anständig mit ihnen umgegangen werden.

Stolz ist der Ausdruck für Vollbrachtes, drum denke stets bescheiden und fühle stolz im Herzen

Da streiken fleißige Menschen in einem modernen Land, die sich, egal, bei welchem Wetter, schwitzend, frierend oder durchnässt zu unseren kuscheligen Haus- oder Bürostuben kämpfen, damit unsere Bestellungen oder anderes wichtiges Schreibgut, rechtzeitig ankommen. Und was tun wir? Kommentieren, herumschimpfen, meckern, nölen ... suchen die Schuld bei jenen Menschen, die sich für uns den Rücken krumm schuften, anstatt uns über die Manager aufzuregen, die Millionen-Gehälter plus Bonus kassieren, ohne auch nur einmal ein Paket in den 6. Stock getragen zu haben. Dort sitzen die Schuldigen der Misere, nicht bei der Gewerkschaft oder bei den Arbeitnehmern.

Der einstmals gute Journalismus ist am Ende

Pakete, Päckchen und Briefe schlummern ausgelagert in Turnhallen, wo sie von kleinen „freiwilligen" osteuropäischen Stoßtrupps der Konzernzentrale fein säuberlich geschichtet und abgetragen – nicht ausgetragen! – werden. Und was machen unsere Qualitäts-Mainstream-Medien und deren Journalisten?! Sie labern uns laufend die Ohren mit Griechenland zu, erheben inzwischen komplette Sendezeiten zu „Flüchtlingstagen", nur um von den eigenen Problemen im Lande abzulenken.

Genau jetzt wünschte ich mir die guten alten knallharten Reporterzeiten zurück. Die Zeiten, in denen Journalismus noch etwas wert war und als 4. Instanz im Staate den Bürgern diente. Objektiv, qualitätsbewusst und immer der Wahrheitsfindung verpflichtet – ohne Rücksicht auf eigene Verluste.

Die Feder diente als Waffe und streckte mit gezieltem Wort jene nieder, die uns jahrelang auf den imaginären Sack gingen. Ich suche vergebens nach diesen Botschaftern des geflügelten Wortes, glaube aber, dass es sie noch gibt, diese klugen Köpfe jedoch am Boden gehalten oder im Keller eingeschlossen werden, nur um die Mächtigen nicht zu stören. Vielleicht hat sich die intellektuelle Elite aber auch nur verkrochen, da dumme Menschen und deren Gier nach öffentlicher Wahrnehmung inzwischen wichtiger geworden sind, als eine einzige, schlau formulierte Zeile.

Wen schert es in den Chefetagen der Verlage, ob ein paar Briefträger oder Kinderbetreuer streiken? Die bezahlen sie ja nicht, sondern das Geld kommt von anderer Stelle – von oben. Wo ist eigentlich oben? Im oberen Hinterstübchen, wo ohnehin nicht mehr allzu viel nachgedacht wird? Niemand möchte damit auffallen, etwas gegen die Politik unseres Landes zu sagen, die sich mehr um Banken und griechische Investoren oder Gläubiger sorgt, jedoch weniger um die Belange und Sorgen des eigenen Volkes.

Eigentlich ist es doch inzwischen egal, was Journalisten oder Redakteure schreiben oder veröffentlichen. Zumal sich die Frage stellt, warum schreiben wir überhaupt, warum gibt man sich noch Mühe Leser zu finden, wenn es denn ohnehin niemanden mehr interessiert.

Der Bildung verpflichtet?!

Sollten nicht gerade jetzt Schulen und Universitäten eingreifen und ihrer Bildungspflicht [Moral] nachkommen? Den jungen Leuten erklären, was Ethik und Moral bedeuten und ihnen klar machen, dass die Depressionen der Menschen in unserem Lande durch gerade diese fehlenden Werte zustande kommen und unser seelisches Gleichgewicht fast komplett zerstört haben.

Ich persönlich würde als Student inzwischen keine Ökonomie mehr studieren wollen, denn in der Gesellschaft verbreitet sich der Glaube, dass das Tun von Volkswirtschaftlern und Bankern automatisch gierig und zerstörerisch wirkt. Dabei kenne ich einige sehr hilfsbereite und nette Banker, die die Nase gestrichen voll vom seltsamen Gebaren einer Politik haben, die alles andere als volksnah oder wirtschaftlich ist oder jegliche Schuld von sich weist. Woher sollte das Wissen der Politiker auch kommen ... sie haben genau diese Fächer – Ethik und Moral eingeschlossen – nie studiert.

Kapitalismus ist unsere westliche Kultur, der ich gerne bis zu einem gewissen Grad folge, denn inzwischen haben einige wenige gierige Raffsäcke die Pfeiler dieser Grundstruktur ausgehöhlt und drohen diese komplett durch ihre egoistische Habsucht zu vernichten. Dasselbe ist in den kommunistischen Ländern geschehen. Keine Frage, auch Sozialismus hat seine grundlegenden Vorteile, nur werden diese nach gewisser Zeit von einem Rudel behämmerter Dummköpfe ebenso kaputt gemacht. Immer derselbe Fehler und wir werden einfach nicht schlau daraus, ergeben uns wie kleine Lemminge in ein Schicksal, ganz nach der Devise: solange mein Smartphone funzt und dümmliche Selfies schießt, damit ich diese ohne Sinn und Verstand in der gesamten Welt verteile, ist doch alles superoberaffengeil ... ist es eben nicht!

Männlichkeit bedeutet Stolz

Ich gehöre zu der Gattung Mann, der gerne philosophiert, sein Smartphone gegen ein gutes Gespräch und Augenkontakt getauscht hat, andere Menschen und deren Tun beobachtet, gerne mit Rat und Tat hilft und sich mit seiner Meinung inzwischen definitiv nicht mehr kleinlaut zurück hält. Nur weil ich ein Lifestyle-Magazin für Männer publiziere, heißt das noch lange nicht, dass ich nur über flotte Autos oder schicke Klamotten berichten muss. Mir fehlt diese Art der kritischen Berichterstattung ohnehin in den Männer-Magazinen unserer Zeit, die sich gerne als ehrenwerte Gentlemen oder pfiffige Trendsetter titulieren.

Schon aufgefallen, dass es eigentlich keine echten Männerhefte mit Substanz oder sozialem Wertedenken mehr gibt?

Woran das wohl liegen mag? Weil es die Kerle nicht mehr interessiert, was man über sie denkt? Oder weil wir Männer eben keine Männer mehr sind und uns inzwischen dem Schicksal der Emanzipation unterworfen haben? Weil es keine echten Kerle in den Lifestyle-Redaktionen mehr gibt? Oder weil kein Mann mehr es schafft, einfach mal vom Leder zu ziehen, den Besen [Füllfederhalter] in die Hand zu nehmen und zu schreiben, was ihn nervt. Das macht meiner Meinung nach einen echten Kerl aus ... sich gerade zu machen und auch mal dafür zu sorgen, dass die Bude [unser Land] sauber und alles ethisch vertretbar bleibt. Aber nein ... da tragen gestandene Mannsbilder kleinwüchsige Kläffer auf dem Arm herum oder schleppen die Design-Handtaschen ihrer Freundin ... wahrlich, das nennt man dann wohl die Männer einer neuen Generation.

Denkende Menschen ändern ihre Meinung

Nun kann man mir gerne nachsagen, dass meine Meinung nichts zählt oder nur Geschwafel ist. Man kann sich über mich lustig machen und gerne seine Position bzw. die einer Marke dafür nutzen, mir respektlos gegenüberzutreten. Übrigens von den Leuten, die sich mehr um ihren Job kümmern sollten, als um meine Betrachtungsweise der Dinge, die wirklich ungerechte Ausmaße angenommen haben.

Anstatt mich in respektloser Form zu zitieren und damit veräppeln zu wollen – natürlich nie in persönlicher Form, d. h. immer hübsch bzw. feige per Tastatur – wäre es ratsamer, die Augen zu öffnen und etwas zu ändern – hierzu gehört jedoch viel Mut. Dies ist übrigens auch der Grund, warum ich den einen oder anderen Meinungsmacher [Hetzer] angreife, denn so wie hier teilweise „gearbeitet" wird, wird auch anderswo in gleicher überheblicher Manier mit Menschen – und meinen Kollegen – umgegangen.

Aber ... wie sagt der Volksmund so schön: sie müssen es ja nicht lesen, wenn sie der Meinung sind, dass es niemanden interessiert. Vertrauen Sie mir ... es gibt unzählige Leser, die sich in meinen munteren Darstellungen wieder finden und mit denen genauso umgesprungen wird ... eben nur in einer anderen Branche. Vielleicht labere ich mir den Mund fusselig, probiere aber wenigstens etwas in den eigentlich klugen Köpfen der Verantwortungsträger anzukurbeln und zu ändern.

Beflügelte Worte

Ich versuche dem Wort weiterhin Flügel zu verleihen, sehe es als königliche Waffe, um gerecht agieren zu können. Nur daran erkennt man, ob sich Menschen im Geiste verändern und damit weiser werden. Denn ich möchte meinen Söhnen jederzeit in die Augen blicken können und das mit all meinem Stolz, den ich schon immer in Sachen Idealismus vertreten habe.

Wo ist Ihr Stolz, wo sind jene Männer, die dazu beitragen, dass unsere Welt wieder ein klein wenig gerechter wird. Wo sind die stolzen Familienväter, die zu ihrer Frau und ihren Kindern von der Arbeit heimkehren, ihre harte Mühe etwas wert war und sie sagen können: „Ich habe es für Euch getan und ich bin stolz auf Euch, denn Ihr seid diejenigen, die ich liebe."

Was denken Sie? Wäre diese Art von Gedankengut und der damit zurück kehrende männliche Stolz – auf das Land, die Familie oder den Job bezogen – nicht wieder etwas wert, um den es sich lohnt, zu kämpfen?

Ich glaube an die Männlichkeit, den stolzen Wert, der in uns schlummert und glaube daran, dass wir etwas verändern können ... für uns und unsere Kinder.

REVOLUTION

JEDE REVOLUTION BEGINNT IM KOPF
DER DENKER UND FREIGEISTER

· 07 ✕ 19 ·

REVOLUTION BEDEUTET DENKEN, DENKEN BEDEUTET DEMOKRATIE

Kapitel 7 – Revolution

Es wird Zeit, uns zu befreien ... uns zu befreien von Phobien, Ängsten und Verboten, die unseren Geist lähmen und jeden noch so kleinen revolutionären Aufschrei im Keim ersticken. Es wird Zeit für eine neue, friedliche Revolution, angefangen im Geiste, deren Weg sich über die Herzen zum Sturm entfaltet.

Revolution ... dies klingt nach Aufstand, Hetze und trotzigem Gedankengut. Jedoch verhält es sich anders ... Revolution ist das Bedürfnis nach Veränderung, dem Weckruf jedes menschlichen Wesens, jeder kreativen Seele und einem Aufbäumen gegen zu lange dauernde Gleichgültigkeit.

Revolution bedeutet Denken, Denken bedeutet Demokratie

Die Demokratie liegt am Boden, Meinungen werden zer-/gestört, friedliche Proteste dank bürokratisch-bayerischer Hürden [Interessen] verboten. Wo sind wir inzwischen angekommen, dass sich jeder alles gefallen lassen muss? Wohin führt uns diese Reise, die wir längst nicht mehr als angenehm empfinden? Der Frohsinn bleibt uns im Herzen, das Lachen im Halse stecken. Und warum? Weil wir in einer Zeit leben, in der Verbote und widrige Umstände entgegen jeglicher demokratischer Grundrechte – Insidern auch als Gesetze bekannt – immer üblere Auswüchse annehmen.

Ethik steht für Bildung

Wobei man sich fragt, wo der Sinn eines Verbotes liegt, wenn die Gesetzgeber selbst nicht einmal wissen, warum die eine oder andere Einschränkung besteht bzw. warum diese überhaupt in den Gesetzbüchern verankert wurde. Letztlich entdeckt ein hochbezahltes Advokaten-Team ohnehin jene Lücken, die scheinbar absichtlich hinterlassen wurden, um das Gesetz zu umgehen. Daran zu erkennen, dass das Grundgesetz – die elementare Grundlage unserer Demokratie – in immer kürzer werdenden Abständen von Lobbyisten und Rechtsverdrehern ausgehebelt wird. Wozu dient ein Gesetz dann noch, wenn es auf hölzernen Stelzen errichtet wurde, an denen jeder sägen kann, wie es gerade beliebt? Und warum sollte sich der „normale" Bürger daran halten, wenn es die Politiker, die sich selbstverliebt „Elite" nennen, auch nicht tun?

Sinnbefreite Demokratie

Steuergelder für sinnbefreite G7- oder G8-Gipfel – je nach Laune des Gastgebers – verblasen werden, die mehrere Lehrer für 10 Jahre hätten beschäftigen können oder Kitas, Lokführern und Postboten keinen Anlass gegeben hätten, für einen Streik zu schließen oder den Betrieb einzustellen. Diese Art der Verbote rauben uns die Luft zum Atmen und sperren uns in einen imaginären Vogelkäfig, aus dem es für viele Menschen kein Entrinnen gibt – außer sie umgehen die eigene Moral und rauben uns somit dem einzig verbliebenen Gut, welches uns menschlich erscheinen lässt: Ethik.

Ethische Moral

Nehmen wir beispielsweise die Ehe von gleich-geschlecht-lichen Paaren. In Irland musste dafür erst ein Referendum angestoßen werden. Umso schöner, dass sich fortschrittlich denkende Menschen trotz einer erzkatholischen Mehrheit für die Ehe – egal, welchem Geschlecht der Mensch in der Liebe zugeneigt ist – entschieden haben.

Woran liegt es, dass wir es in dieser Welt nicht schaffen, dies einheitlich für jeden Menschen zu realisieren? Mal ganz ehrlich: sollte es bei der Heirat nicht um Liebe und ein Versprechen fürs Leben gehen? Wen interessiert es, welchem Genus, welcher Rasse oder welcher Hautfarbe das Paar dabei angehört? Für jeden Müll, der an unserer Intelligenz reibt, gibt es Gesetze und Erlasse. Hier nennen wir uns „fortschrittlich" oder „modern" – nur beim Thema Liebe, da hören wir auf zu denken, da regiert ein Denken aus dem letzten Jahrhundert.

Ästhetisch-anmutender Lokführer sucht Gleichgesinnte

Oder der unentwegte Zank zum Thema „Rauchen". Es mag sein, dass Rauchen gefährlich ist. Ich kann ein hohes Lied davon singen, da meine Eltern unentwegt an jedem Ort gequalmt und eine Rußspur des Schreckens hinterlassen haben. Bin ich davon krank geworden? Ich kann es Ihnen nicht sagen, bis jetzt schaffe ich es noch zum Fitness-Studio und fühle mich sehr wohl.

Bin ich selbst zum Glimmstängel mutiert? Nein. Ich bevorzuge eher den Titel „ästhetisch-anmutender Lokführer", denn es qualmt bei mir nur dann, wenn das Ambiente passt.

Bin ich altmodisch, da ich Cigarren liebe? Nein. Ich passe mein Rauchverhalten den Gegebenheiten an, achte sogar darauf, dass ich niemanden mit lustig-anmutenden Rauchwolken – die kleine Kinder eher mit Entzücken verzaubern – von den Sitzplätzen in Cafés vertreibe. Falls es doch jemanden stört, dann dampfe ich eben mit einer E-Zigarette, denn die gibt es in verschiedenen Geschmacksvarianten und einem Geruch, dem niemand widerstehen kann – ob im Innen- oder Außenbereich, ganz ohne schädliche Nebenwirkungen für die

Umwelt und meine Mitmenschen ... entgegen aller abwertenden Blicke, entgegen aller Beschränkungen.

Wir sind die neue Revolution

Müssen wir uns alles verbieten lassen, obwohl wir uns selbst dem Zeitgeist entsprechend als tolerant bezeichnen? Ich denke, viele Männer [und Frauen], denen Wut unterstellt wird, weil sie sich inzwischen nicht mehr ernst genommen fühlen, gehören zu unseren Lesern und fühlen genau wie wir.

Wir sind die Revoluzzer, die frei im Herzen und in ihrem Schaffen sind. Wir sind die Querdenker, die Verschwörungstheoretiker, die unkonventionellen Seelen, die das Land tatsächlich bräuchte, um eine frische Brise – gleich dem würzigen Qualm einer Cigarre oder dem Wohlfühlaroma einer E-Zigarette – in das verstaubte, vom Holzwurm korrumpierte Gebälk zu blasen.

Frischer Wind, das fehlt in unseren Köpfen. Vielleicht sogar mit blumigem Bouquet, dann wäre für jeden etwas dabei ...

Avantgardistische Neuzeit

Wann befreien Sie Ihren Geist und leben jene avantgardistische Neuzeit, um spießbürgerlichen Bürokraten, die unser Geld und die Zukunft unserer Kinder zum Fenster hinaus werfen, den Dampf zu blasen.

Es wird Zeit für Veränderung ... es wird Zeit für eine neue Art der Revolution.

PERSÖNLICHKEIT

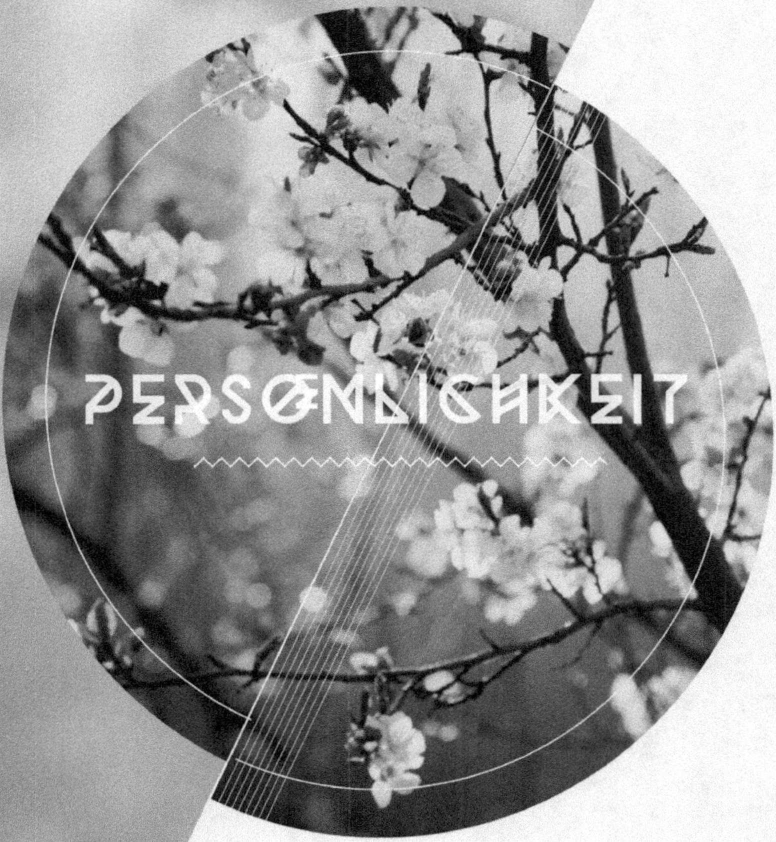

EIN AUFRECHTER CHARAKTER
UND MUTIGER IDEALIST
GIBT NIEMALS SEINE PERSÖNLICHKEIT AUF

· 08 × 19 ·

ZEIT FÜR ORIGINALE, ZEIT ZUM NACHDENKEN

Die Gleichgültigkeit unserer Gesellschaft – gerade im politischen Bereich – sägt täglich mehr an meinen ansonsten soliden Nervensträngen, denn ich sehe keine Männer mehr, sondern nur noch Warmduscher oder Mann-Weiber, die ihrem Posten definitiv nicht gewachsen sind. Es sind Menschen, die es einfach nicht mehr schaffen, intelligente Verantwortung zu übernehmen.

Spüren Sie auch den Zorn, der uns beim Studieren der Zeitung täglich mehr und mehr überkommt, uns fast wahnsinnig werden lässt, weil wir vermeintlich nichts dagegen tun können? Gegen verratene Bündnisse, Desinteresse am Willen verantwortungsbewusster Menschen, Bevormundung, Bespitzelung, bornierten Verboten, verkauften Interessen.

Ich sorge mich um ein Land, mein Geburtsland, denn es ist schon lange nicht mehr das Land der Dichter und Denker, wohl eher das gierige Schlummerland der Politiker und Banker. Drastisch, nicht wahr? Aber wie soll ich in die Köpfe von erwachsenen Menschen und deren Herzen gelangen, einen Anstoß verleihen, wenn nicht durch ernste, harte Worte?

Nepal

Ich lese, dass man Bergsteiger mit Helikoptern aus Nepal rettet. Lese, dass sich einer dieser unzähligen Bergsteiger aus Deutschland mit einem Video-Tagebuch in den „Qualitäts-medien" brüstet, das er heilfroh ist, dass man ihn aus dieser Hölle befreit hat.

Nun ... warum ist er überhaupt dort herum geklettert [Noteinsatz oder Ego-Trip?] und wäre es nicht schöner gewesen, er hätte seinen Helikopter einen der vielen Kinder zur Verfügung gestellt, die ihre Familien unter einem Haufen Geröll verloren haben?

Oder noch besser ... er wäre hinunter geflattert und hätte mit angepackt, denn wer die Kraft findet, auf toten Gesteinsbrocken herum zu trollen, der kann Überlebenden ebenso Hilfe leisten. Dieser kleingeistige Typ, der sich mit seiner Lebensgefährtin dafür feiert, einer schrecklichen Naturkatastrophe entkommen zu sein, sollte sich ganz klein machen, sich in seiner Gartenlaube verkriechen und wenn er alt und grau ist, dafür schämen, das er damals nicht geholfen hat!

Die Menschen, die im Krisengebiet ehrlich und aufopfernd und ohne Selbstbeweihräucherung anderen Menschen helfen, dass sind für mich Frauen und Männer, die mehr Herz, Mut und Eier in der Hose haben, als jede kümmerliche Bergsteiger-Niete. Wahrscheinlich ist die Flitzepiepe von dort abgehauen, da die einheimischen Helfer, die für einen jämmerlichen Hungerlohn schweres Gepäck mühsam den Berg rauf schleppen und dabei ihre Knochen riskieren, lieber ihren Familien und ihrem Volk zu Hilfe geeilt sind.

Heckler & Koch

Oder ich lese, dass ein renommierter Waffenhersteller – Heckler & Koch – über den Tisch gezogen und öffentlich demontiert wird, man diesen beschuldigt, eine schlechte Waffe [es soll auch Menschen geben, die einfach nicht zielen oder schießen können] geliefert zu haben und genau jene Waffe der deutschen Armee nun deshalb ausgemustert wird. Zeugnis darüber liefert ein scheinbar sehr einseitiger Prüfbericht des Verteidigungsministeriums, welcher von Heckler & Koch nicht eingesehen werden darf, selbst ein Gericht verbietet dieses Recht.

Hier geht es nicht um Gerechtigkeit, sondern um das fragwürdige Recht einer Politik, die sich inzwischen viel zu viel heraus nimmt. Man muss keine Waffen mögen, um zu erkennen, dass hier rechtmäßiges Streben erforderlich ist!

Dasselbe Problem sehe ich inzwischen auch bei der Tabakindustrie, denn niemand zwingt Menschen, sich eine Zigarette oder Cigarre anzuzünden. Ich kann die Verantwortung meines Handelns nicht leichtfertig auf ein Unternehmen abwälzen, um mein Gewissen zu beruhigen – dies betrachte ich als scheinheilige Denkweise. Ich selbst kann dafür sorgen, dass in meinem Umfeld gewissenhaft gelebt wird, ohne den moralischen Zeigefinger zu heben oder die Anstandskeule zu schwingen.

Wann ändert sich ... wann passiert endlich etwas?

Ich stehe mit all meiner männlichen Würde und meinem Stolz zu Heckler & Koch. Es kann nicht angehen, dass wir auch noch das letzte Maß an demokratischem Respekt verlieren, nur um ein paar Politiker und deren Lügen zu schützen, um diese letztendlich an der Macht zu halten. Was muss noch geschehen, bis endlich wieder Glaubwürdig- und Persönlichkeit bei den Verantwortlichen unseres Landes Einkehr finden?

Helden? Männer?! Fehlanzeige!

Heute finden wir standesgemäße „Helden" in Elektronik-Shops, die sich dort ein fünftes Smartphone derselben Marke zu legen oder mit Hochwasserhosen und Bart herumstiefeln, weil ein Modetrend des laufenden Quartals eines vermeintlich „männlichen" Lifestyle-Magazins diese Strömung für eine Kaperfahrt vorgibt. Ich würde schon fast sagen, befiehlt, denn wer würde sich sonst zum Affen machen, nur weil ein paar Nulpen, die sich als Mann bezeichnen, einen Trend erkennen, der gar keiner ist?

Buben aufgepasst: ein echter Mann zeichnet sich mehr als nur durch das Gehänge zwischen den Beinen und einen Bart aus, selbst wenn man dazu noch ein Kleid trägt!

Das Klima wird kühler

Jeder versucht seine Haut zu retten, ohne Rücksicht auf Verluste. Loyale Freundschaften, einstmals aus schwerem Stahl geschmiedet, werden gebrochen. Versprechen sind nichts mehr wert, der Freund über die Klippe gestoßen, den Haien zum Fraß vorgeworfen, nur um seine eigene Haut zu retten. Egal, ob es gerecht ist oder nicht.

Nur ein Original kämpft für Ideale und bleibt stets authentisch

Aber die Luft wird dünner, denn die Fehler häufen sich und man kann nicht auf ewig alles vertuschen oder anderen Unschuldigen in die Schuhe schieben. Wo sind jene mutigen Männer, die diese Missstände endlich ehrlich und mutig aufdecken, ohne Rücksicht auf Verluste. Ich weiß, es winkt kein Preis, kein dicker Scheck, aber die Anerkennung von Menschen und die Erinnerung an jene Taten.

Kein Mensch wird sich an verlogene Banker, betrügerische Politiker oder heuchlerische Präsidenten erinnern. Wir erinnern uns an die Guten, an diejenigen, deren Taten etwas für uns bewegt und verändert haben. Es wird Zeit, aufzustehen, uns zu wehren, uns diese Ungerechtigkeit nicht mehr gefallen zu lassen, um jene Glaubwürdigkeit zu entdecken, für die andere Menschen Jahrzehnte kämpfen mussten.

Falls Sie mich brauchen, ich bin zur Stelle!

Meine Freunde wissen, wo Sie mich finden. Ich werde mich nicht verstecken, hole Sie aus dem Geröll, stelle mich an Ihre Seite und kämpfe für Sie den Kampf, den keiner mehr führen will. Ich gehe unseren Weg, egal, wie viele Brocken mir beschränkte Armleuchter zwischen die in die Jahre gekommenen Bestandteile meines Körpers werfen. An jedem Hindernis wachse ich, denn er stellt für mich keine Barriere dar, sondern eine Lösung, die es zur Überwindung zu finden gilt.

Schlagt mich, ich schlage zurück. Prügelt mich, ich dresche härter zurück. Bolzt mich nieder, ich stehe wieder auf und beende den Kampf. Verletzt mich, die Liebe meiner Frau wird all meine Wunden heilen. Liege ich am Boden, kann mich nicht mehr verteidigen, tritt einer meiner Söhne an meine Stelle und kämpft für mich weiter.

Feige Gestalten, davon gibt es leider viel zu viele!

Einfach weiter … bis zum letzten Atemzug … immer in Gedanken an meine Familie … meine Frau … meine Söhne … meinen Weg … meine Authentizität, die ich nicht verlieren möchte. Ich bin Idealist. Idealisten sind Menschen, die sich authentisch der Gesellschaft, dem Leben öffnen, um ihren Weg niemals aus den Augen zu verlieren. Wir sind bereit, Umwege zu gehen, manchmal dabei stolpern, um erst recht wieder aufzustehen und unsere Persönlichkeit erhalten. Ja, und ich mag auch ein verrückter Vogel sein, der jedoch sanft über den

Wolken schwebt und somit das Ganze erfasst, um sich eine eigene Meinung bilden zu können.

Zeit für Originale, Zeit zum Nachdenken

Nun drehe ich mir eine Zigarette, genieße den Sonnenuntergang, inhaliere den Geschmack von würzigem Tabak, schließe die Augen und träume von einer Revolution in den Herzen der Menschen. Vielleicht finden wir dort wieder jene Persönlichkeiten, jene Helden, die uns in den letzten Jahrzehnten abhanden gekommen sind. In einem episch-authentischen Kampf der Generationen, der gerade erst begonnen hat.

KEIN FEUER BRENNT GLEIßENDER,
ALS DAS FEUER DES HERZENS

· 09 ✕ 19 ·

Kapitel 9 – Leidenschaft

Es wird uns oft erzählt, dass wir – die Ewig-Gestrigen – gerne in nostalgischen Erinnerungen schwelgen, obwohl es früher doch auch nicht viel besser war als heute. Weit gefehlt! Es ist heutzutage nicht besser, könnte es aber sein, wenn wieder mehr Leidenschaft in unser Leben und unsere Gesellschaft zurück kehren würde. Eine längst vergessene Leidenschaft, die uns früher zum Träumen veranlasst und uns mächtige Schwingen verlieh, die uns weit über die Grenzen unserer Vorstellungskraft trugen. Erinnern Sie sich noch ... an Ihre Träume und diese vehemente Hingabe, die unsere Herzen beseelten und uns von Innen heraus hell erstrahlen ließen?

Leidenschaft regiert das Herz

Sie wissen schon ... rasendes Herzklopfen beim Anblick seiner Liebsten und diesem einzigartigen Gefühl, sie nie mehr hergeben zu wollen. Diese Leidenschaft, die uns überkam, wenn eine führende, ehrbare Persönlichkeit oder ein tiefsinniger Künstler ein hitziges Plädoyer für mehr Gerechtigkeit und Gleichheit verfasste und uns damit fesselte – sowohl vom Kopf als auch vom Bauch her. Oder eine brillante Marketing-/Werbestrategie, die uns dazu veranlasste, uns mit einer Marke – und einem Traum – zu identifizieren, dieser zu vertrauen und unsere täglichen Sorgen für einen kurzen Augenblick im Keller des Vergessens verschwinden zu lassen.

Wo ist nur all die Leidenschaft, der visionäre Geist und emotionale Tiefsinn geblieben, der uns zu fortschrittlichen Menschen formte?

Eine starke Marke, ein solides Unternehmen standen einstmals für Zuversicht

Auf geistig hohem Niveau wurde sich leidenschaftlich bemüht, uns ein politische Vision, ein Produkt oder eine Dienstleistung so nahe zu bringen, dass wir uns hineinversetzen, ihr vertrauen und gleichzeitig von der Masse der grauen Lemminge abheben konnten.

Langweilige Schnarchnasen im Mainstream-Kreativkostüm

Bei heutiger Werbung, speziell im Fernsehen, verhält es sich wie mit Musikvideos, die inzwischen keine Geschichte mehr erzählen, sondern platt und dämlich abgespult werden. Null Fantasie, kein Gedanke, was der Künstler beim Schreiben seines Stückes, der Designer beim Schaffen seines Produktes, gefühlt oder gedacht hat. Es zählt nur noch die Platzierung auf Kanälen, die selbst ebenso wenig bemüht sind, genau jene zu erreichen, die tatsächlich zum zukünftigen Kundenstamm zählen könnten. Es wird Geld zum Fenster hinaus geschaufelt – ohne den Hauch eines kreativen Gedanken oder die Leistung eines hochbegabten Regisseurs in Betracht zu ziehen.

Tiefsinn? Nein. Oberflächlichkeit? Ja, sehr gerne!

Wir werden mit Werbebotschaften überschüttet, die uns sinnbefreiten Einheitsbrei vorkauen, aber keinen wirklichen Sinn darüber vermitteln, warum ich mir genau jenes Produkt kaufen sollte. Wären diese Filmchen und Anzeigen wenigstens so hübsch gestaltet, dass man nicht den Eindruck einer völligen Volksverdummung erkennen könnte.

Aber selbst hier schwingen keine kreativen Köpfe den Pinsel, sondern Leute, die nur noch den Profit sehen oder über Vettern den Job erhalten haben. Werbung dient einzig und allein der eigenen Bereicherung, nicht mehr dem Produkt und der Idee, die dahinter schenkt.

Leidenschaft stirbt mit der Gier

Ich vergleiche erloschene Leidenschaft gerne mit einem lange, verheirateten Ehepaar, welches sich an alle Annehmlichkeiten des Lebens gewöhnt hat. Dort entdecke ich ebenso keine Ideen mehr oder den Hauch einer winzigen Bemühung, sich Gedanken um das Erschaffene – in diesem Falle eine Beziehung – zu machen. Bei Unternehmen ist dies ähnlich, nur geht es hier ausschließlich um Geld: Hauptsache die Kasse stimmt und das Unternehmen wird werbetechnisch platziert, egal wo, egal wie, egal bei wem. Masse ersetzt inzwischen Qualität, dies erkenne ich inzwischen übrigens bei scheintoten Moderatoren genauso wie bei abgehalfterten Showmastern, die schon längst die Leidenschaft verloren haben, mit der sie einst das Publikum begeisterten.

Wir benötigen keine seelenlosen Phrasendrescher ohne Gefühle, wir brauchen Menschen mit Herz und Leidenschaft! Früher oder später werden selbst kopfgeführte Strategen erkennen, dass man nicht durch Masse Menschen gewinnt und somit letztendlich etwas verkauft, sondern durch intelligentes Abwägen zwischen emotionaler Kreativität und leiden-schaftlichem Gespür.

Wofür brennt ihr Herz?

Genau das ist der Sinn von Leidenschaft: wir können ... nein, wir dürfen unsere Sorgen – egal, ob früher oder heute – für einen flüchtigen Augenblick vergessen. Wir werden Teil einer Flamme, die wir entzünden und die heller brennt, als alles andere. Die uns mitnimmt, auf eine Reise, die ich Träume nenne und die ohne Leidenschaft gar nicht möglich wäre ... denn das zeichnet geistige Vielfalt und den menschlichen Charakter aus.

Ich möchte mich wieder in optimistischer Leidenschaft verlieren

Je mehr einfallslose Werbung meine Sinne umnebeln, umso mehr begebe ich mich auf geistige Suche nach verloren gegangenen Schätzen, die uns früher liebevoll umgarnt und mit ihrer Ausstrahlung und Wertschätzung fast verschlungen haben. Ich möchte mich wieder verlieren und es wagen zu träumen, ohne von kalten Menschen, denen das Träumen auf ihrem Weg abhanden gekommen ist, als Spinner abgetan zu werden.

Die Suche geht weiter ...

Ich suche weiter ... jeden Tag, jede Stunde, jede Sekunde ... mit all meiner Kraft, all meiner Leidenschaft ... denn da draußen ist so viel mehr ... ich suche nach Menschen in allen Berufsgruppen, denen Leidenschaft noch etwas bedeutet ... die für ihre Ideen brennen und nichts unversucht lassen, uns mit ihren Visionen und ihrer Passion zu begeistern, um uns zu zeigen, was es bedeutet, zu leben ... was es bedeutet, Mensch zu sein.

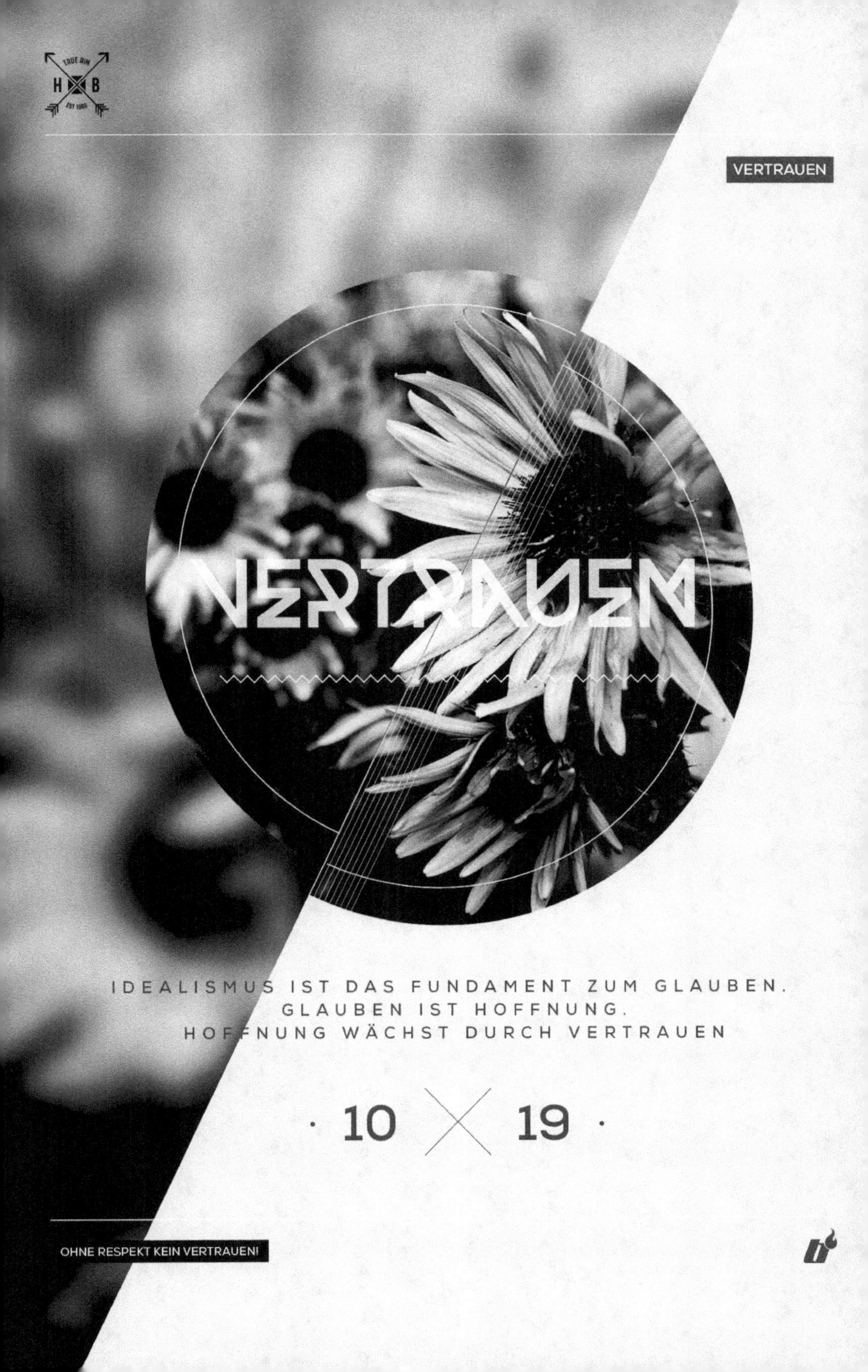

VERTRAUEN

IDEALISMUS IST DAS FUNDAMENT ZUM GLAUBEN.
GLAUBEN IST HOFFNUNG.
HOFFNUNG WÄCHST DURCH VERTRAUEN

· 10 ╳ 19 ·

OHNE RESPEKT KEIN VERTRAUEN!

Kapitel 10 – Vertrauen

Mal ganz ehrlich: wem kann man heutzutage noch vertrauen? Neigte man früher dazu, einen Handschlag einem Ehrenwort gleich zu setzen, gelten heute andere, für mich abstruse Regeln, die letztendlich immer mehr dazu führen, dass ich einfach nicht verstehen kann oder will, auf welchem ungerechten Weg sich unsere Gesellschaft befindet. Ein Kurs, den ich nicht gutheißen kann.

Vor kurzem wurde beschlossen, die Vorratsdaten-speicherung erneut einzuführen. Grundgesetz? Aber bitte ... warum sollten sich unsere demokratisch lupenreinen Politiker darum scheren, was die Bürger möchten, denken, gar fühlen?! Befragt wird ohnehin keiner mehr, denn das könnte ja dazu führen, dass die Menschen genau diesen Weg der „Diktatur" nicht mehr ertragen. Wir leben in keiner Demokratie, denn würden wir sonst einer zwangsweisen Finanzierung des öffentlich-rechtlichen Fernsehens, einer ungerechten Maut für Ausländer oder einem Solidaritätszuschlag, der schon seit Jahren keiner mehr ist, aus freien Stücken zustimmen?

Wo bleibt die Fürsorge für die nächsten Generationen?

Ich frage mich manchmal, ob wir diese Leute wirklich gewählt haben, denn das Volk wird übergangen oder Parteien, die früher einmal ihren eigenen Zielen treu waren, sind längst dem konservativen Geldfluss erlegen?! Sozial-Demokratisch? Verraten. Grün? Inzwischen tiefschwarz. Christlich? Ich bitte um eine neue Definition dieses Wortes. Liberal? Ein guter Gedanke, inzwischen eher ungerecht. Demokratisch mit Blick auf die Menschen? Gibt es nicht mehr und ist im Einheitsbrei der feigen Abnicker versunken. Keine fähigen Gegenworte, keine demonstrative Opposition, kein mächtiger Mann, keine mutige Frau, keine Helden ... alle sind verstummt, aus Angst, irgend etwas zu verlieren.

Jedoch ... verlieren wir tatsächlich etwas oder könnten wir nicht etwas Wunderbares zurück gewinnen? Genau das, was uns inzwischen abhanden gekommen ist und gleich einer großen Wunde in unseren Herzen klafft: Vertrauen.

Ohne Respekt kein Vertrauen!

Wir vertrauen einer Politik, die es zulässt, ihre Bürger und deren Unternehmen vom Inland [BND] oder Ausland [NSA] her abzuhören, ohne sich dafür zu entschuldigen, einen Rücktritt zu erwägen, um Verantwortung und Stil zu beweisen oder dem ganzen Einhalt zu gebieten. Ich bezeichne dies übrigens als Landesverrat, denn genau jene Politiker und Beamte beziehen Diäten oder Sold über die Leistung des eigenen Volks, dessen Wohl und Verfassung sie schützen sollen und schaden diesem im selben Atemzug?! Wie gleichgültig müssen wir diesen Leuten inzwischen geworden sein? Ich vergaß: Schuld sind immer die Anderen, welche „Anderen" sind das eigentlich genau?

Vertrauen ist der Weg zu Allem

Wir vertrauen einer Polizei, die sich inzwischen einen Kehricht um die Belange und Sorgen der Bürger kümmert, wahllos niederschießt [siehe USA] und als Schlagstock der Politik und Banken fungiert – ohne ein einziges Mal nachzudenken, wer hier eigentlich der Schuldige ist und wer die Prügel tatsächlich verdient hätte. Wie sollte eine solche Institution noch Respekt von jungen Menschen erwarten? Respekt wird ebenfalls aus Vertrauen geboren.

Wir vertrauen korrupten Staatsanwälten und Richtern, die nicht einmal 24 Stunden mit öffentlichkeitswirksamen Presse-mitteilungen – inkl. Namen und Adressen – der Verdächtigen warten können, um sich den Monopol-Verlagen anzubiedern und Schuldige zu präsentieren, die in Wirklichkeit vielleicht unschuldig sind. Keine Spur von Rechtsbewusstsein, kein Mitleid, keine Gnade, wie es dem Gesetz nach jedem zu steht.

Wir vertrauen Medien, die sich darüber echauffieren, dass wir ihnen kein Wort mehr glauben, da die einseitige Berichterstattung überhand genommen hat. Moderatoren, die sich selbst als unantastbar halten, werden der Lüge überführt oder sprechen mit Vorstandsvorsitzenden, als ob diese kleine Buben wären, die man beim Klauen erwischt hat. Genau jene Medien, die jahrzehntelang den Politikern nach dem Mund geredet haben und nun versuchen, Leser zurück zu gewinnen, in dem sie scheinbar wieder offen und objektiv berichten [abgesehen vom äußerst ungerecht subventionierten Staats-Fernsehen].

Wir vertrauen Banken, die uns in keiner Art und Weise am günstigen Zinssatz teil haben lassen, unsere Hilfe dank der Politik beansprucht haben, nichts davon zurück geben und uns wegen jedem überzogenen Euro mit völlig abstrusen Zinsen gnadenlos verfolgen. Sie lügen und betrügen, siehe Deutsche Bank, wo sie nur können und vernichten dabei jegliche moralische Vorstellung eines anständigen Unternehmens, dessen Berufsbild früher sehr viel Vertrauen bei den Bürgern schaffte. Heute werden wir wegen jeder kleinen Kreditanfrage wie Verbrecher in die Zange genommen und unsere Ver-gangenheit durchleuchtet, unsere Arbeit in Frage gestellt. Jedoch wer hat eigentlich unsere Zahlungsprobleme ver-ursacht, wer hat denn wirklich Schuld an der Krise und einer

Haftung, die unsere Kinder über Generationen hinweg noch abbezahlen müssen: waren das nicht diese ausgebufften und verspielten Banker? Wer hat eigentlich ein Bonitätsproblem und warum müssen wir für diese maßlosen Fehltritte gerade stehen und uns in Filialen wie kleine Dummköpfe behandeln lassen? Die Banken haben schnell vergessen, wer ihnen tatsächlich den Kopf gerettet hat.

Wir vertrauen Partnern – ob privat oder geschäftlich – die uns früher oder später ohne Skrupel ein Messer in den Rücken rammen, obwohl wir ihnen und ihren Versprechen geglaubt haben – ohne Spur von Gerechtigkeit oder Fairness, ohne einen winzigen Funken von Anstand.

Diejenigen, die sich von dieser unverschämten, unhöflichen Art und Weise abwenden, um eine zweite Meinung zu hören oder anderswo ihr Glück zu finden, werden sofort als Spinner, Paradiesvögel, Verschwörungstheoretiker oder gewaltbereite Rechtsradikale mit islamistischem Hintergrund abgetan. Dabei sind dies durchaus intelligente Menschen, die sich wenigstens noch Gedanken über ihre Umwelt und nicht nur über ein neues Smartphone, eine glänzende Karre oder einen futuristischen Hightech-Beamer in der schwedisch, gemütlichen Hochglanz-stube machen.

Was ist gut, was ist Böse?

Darauf gibt es nur eine ehrliche Antwort: Gut und Böse unterscheide ich nicht über einen Glauben, die Hautfarbe, die politische Gesinnung oder die Körperstatur. Gut und Böse unterscheide ich anhand der Taten der einzelnen Person, über das Engagement und darüber, ob diese Person seinen Idealen treu bleibt und niemals – egal, was kommen mag – verrät.

Genau dieser Person schenke ich mein uneingeschränktes Vertrauen!

Zweifel tötet Vertrauen

Immer mehr sogenannte Leistungsträger unserer Gesellschaft verspielen unser Vertrauen. Das Interessante daran: es interessiert sie nicht einmal mehr, selbst wenn man diese großartigen „Pfeiler" des Staates der Lüge überführt, grinsen sie noch dämlich in die Kameras. Spricht man ihnen schließlich jegliches Vertrauen ab, ändern sie nicht ihr Verhalten, sondern spielen die beleidigte Leberwurst, gerade so als ob es nicht möglich wäre, einzugestehen, dass man einen Fehler gemacht hat. Ein solches Wort würde den Menschen eher Vertrauen schenken, als das inzwischen typisch gewordene Aussitzen von Gesetzesbrüchen und peinlichen Situationen.

Vertrauen ist ein großes Geschenk

Ich selbst habe ebenso viele Fehler in meinem Leben gemacht und versucht, es später besser zu machen, mich zu ändern, die Fehler auszubügeln. Man verzeihe mir bitte meine Fehler ...

Nur schafft man dies nicht ohne die Hilfe und Zustimmung von Außen. Genau jene Zustimmung, die ich bei meiner Familie und bei unseren Lesern finde und die mich sehr glücklich macht. Glücklich deshalb, weil ich vertrauen kann ... auf die Zustimmung von Menschen, denen wir ebenso Glück bereiten, ohne es jemals bereut zu haben. All dies haben wir langjährigen Partnerschaften zu verdanken, denen ich ebenso größtes Vertrauen schenke!

Wem kann man also noch vertrauen?

Das Wort „Lügenpresse" entspricht in den meisten Fällen leider der Wahrheit und haben sich die Medien selbst eingebrockt. Nur die Journalisten, die sich noch etwas trauen, können dies ändern, sofern man ihnen zuhört oder sie ein breitgefächertes Medium finden, dass ihnen eine Bühne bietet.

Vertrauen Sie sich selbst, hören Sie auf Ihre eigene Stimme, vergleichen Sie und wägen Sie ab, denn es gibt immer zwei Seiten einer Medaille. Das, was uns von dümmlichen Massenmedien vorgegaukelt wird, ist ein Selbstbetrug und ein Betrug an unseren Kindern. Jene Kinder, denen wir erzählen, dass sie fürsorglich aufwachsen und denen wir genau diese Lügen nicht vermitteln sollten.

Ich möchte wieder Vertrauen fassen, einen Polizisten höflich nach dem Weg oder um Hilfe fragen, ohne arrogant abgewiegelt zu werden. Einem Politiker meine Stimme geben, wenn er oder sie es denn wert sind – ohne Werte, keine Stimme.

Ich möchte Nachrichten lesen oder schauen und darauf vertrauen, dass sich hier keine Politik- oder Konzernmeinung wiederspiegelt. Und dabei spreche ich nicht von Werbung, denn die benötigen alle Blätter oder Privatsender dieser Welt – gerecht verteilt wohlgemerkt, aber das ist eine ebenso verlogene Politik der Verlage und Medienagenturen, wie inzwischen fast alles da draußen. Wann ändert sich das Denken in den Unternehmen und es wird wieder selbständig und fair gehandelt?

Wunschdenken?

Ich wünsche mir einfach wieder mehr Gerechtigkeit – auch beim Geben – ohne Korruption, ohne Gier, mit einem Funken Idealismus und dem selbstlosen Tiefsinn, den gerechtes Handeln und das damit gewonnene Vertrauen voraus setzt, welches uns alle zu Menschen geformt hat ... damals ... als wir noch Kinder waren.

Es liegt an Ihnen, an jedem Einzelnen, die Macht dieser Monopole einzudämmen. Schalten Sie bitte endlich den einseitig vernebelten Verstand der Massenmedien und Konzerne in Ihrem Großhirn ab, hören Sie auf Ihr Herz und Sie werden garantiert den richtigen Weg finden ...

... vertrauen Sie mir!

WEITSICHT

SEELENRUHE UND GELASSENHEIT
SIND EIN INDIZ
MENSCHLICHER WEITSICHT

· 11 X 19 ·

DER SINN DES LEBENS

DIENSTAG. 24. MÄRZ 2015. 5.30 UHR. Küstenstraße, zweispurig. Die Sonne müsste gleich aufgehen. Eine sanfte Brise, getragen vom Wind, der über das Meer ins Landesinnere getragen wird, fährt mir durchs inzwischen leicht ergraute Haar und zerwühlt neben dem Haaransatz meine Gedanken über das Geschehene, gerade so, als ob er mit mir sprechen, mich beruhigen wollte.

Eigentlich ...

Eigentlich ist doch nichts passiert ... eigentlich ist niemandem etwas zugestoßen ... eigentlich wollte ich gerade nach einstündiger Trainingsphase mit gewienerter Hantelbank und wuchtigen Gewichten nach Hause fahren, um mir ein paar frische Eier in die schmiedeeiserne Pfanne zu hauen ... eigentlich ... und nun zuckt das Blaulicht mehrerer Einsatzfahrzeuge im Takt der Einheits-Kompaktkamera-Blitzlichter. Die Szene erinnert mich irgendwie an CSI ... wo bleibt das Team, um Spuren zu sichern? Aber hier liegen nur dunkle Scherben von geborstenem, getöntem Glas und schwarz lackierte Metallrückstände, welche sich bis auf die Gegenfahrbahn verteilt haben. Der zischende Besen eines hünenhaften Beamten sorgt bereits für jungfräuliche Sauberkeit und lässt die ehemals formschönen Reste in der Kanalisation verschwinden.

Deutsche Ur-Eigenschaft?

Früher – in Deutschland – hätte ich wie Rumpelstilzchen ein Tänzchen aufgeführt, wäre mit fuchtelnden Armen um mein Auto herum getänzelt und lautstark nach den starken Armen eines erbarmungslos, rabiaten Sondereinsatzkommandos mit Hubschrauberunterstützung verlangt, um den Täter schnellst möglichst dingfest zu machen und umgehend dem Scharfrichter vorzuführen. Kurzer Prozess ... jawohl ... keine Gnade! Direkt in die nächste Schrottpresse, wo kommen wir denn hin, wenn jeder macht, was er will?! Ja ... früher ... nun bin ich Ausländer in einem anderen Land.

Gegenwart

Heute ... ich bin ganz ruhig ... sitze auf einer steinernen Balustrade und beobachte das Treiben der Polizei, die sowohl visuell als auch schriftlich den Tatort und das Geschehene skizziert. Ein freundlicher Beamte gesellt sich zu mir und schüttelt traurig mit dem Kopf. „Eine Schande ... eine echte Schande!" murmelt er neben mir und bietet mir eine Zigarette an, die ich dankend ablehne. „Das Protokoll ... das müssten Sie bitte noch unterschreiben. Kommen Sie allein zurecht oder sollen wir Sie nach Hause fahren?"

Ich lächle und lehne ein zweites Mal dankend ab. „Nein ... fehlt doch nur das Heck, ist ja ein 4×4, der packt das noch bis zur Garage." Der Polizist versucht darüber zu lachen, es wirkt aber mehr wie eine Mixtur aus Joker und meinem Opa beim Abgang des dritten Nierensteins. Ein zweiter Polizist gesellt sich zu uns. „Unglaublich, das muss ein Schwertransporter mit Überbreite gewesen sein ... oder eine sehr böse Person!"

Er kratzt sich am Kopf und betrachtet mit düsterer Miene die geparkten, beschädigten Fahrzeuge, die aufgrund einer „etwas" ungünstigen Fahrweise eines auf der Flucht befindlichen Lkw-Fahrers, stark in Mitleidenschaft gezogen worden waren. Vielleicht war es auch ein Anschlag auf meine Mobilität und meine Meinung, aber das ist natürlich eher ein

Verdacht. „Oder ein sehr wütender Hulk, ein Transformer ... man beachte die grünen Spuren auf meinem fast vollständig geschrotteten SUV." Man kann vom Heck fast nichts mehr erkennen, da mein Jeep scheinbar als Rammbock fungiert und somit andere Fahrzeuge vor weiteren Schäden gerettet hatte.

Warum rege ich mich nicht auf?

Ich wundere mich selbst ... lag es am Arnie-Training oder stand ich unter Schock? Während sich die Beamten vom „Fast&Furious"-Schrottschauplatz verabschieden und mir vorher sanft tröstend auf die Schulter klopfen, beobachte ich den Sonnenaufgang. Ich sitze immer noch auf der Balustrade, gerade so, als ob ich hier häufiger verweile, um meinen Gedanken nachzuhängen. Vielleicht nehme ich das nächste Mal meinen Picknick-Schreibtisch und die, genau wie ich, in die Jahre gekommene Schreibmaschine mit.

Mir fällt ein, warum ich nicht mehr explodiere. Es liegt an der Ruhe der Menschen meiner neuen Umgebung – nein, kein Sanatorium – und dem Wissen, dass ich viele Dinge ohnehin nicht ändern kann. Dieses Wissen hat sich in meinem inneren Kern erst in den letzten Wochen verankert ... woher es kommt, ich kann es nicht sagen. Es ist eben nur ein Gefühl ... ein sehr angenehmes, wenn gleich mich der Schaden am Fahrzeug natürlich sehr traurig macht, da der Missetäter das Weite gesucht hat.

Seelenruhe und Gelassenheit sind ein Indiz für Weitsicht

Was mir jedoch durch den Schaden an diesem Morgen bewusst wird, sind die Unzulänglichkeiten, die Kleinigkeiten, die uns im Alltag Ärger bereiten. All die Aufregung, die uns psychisch wie auch physisch großen Schaden zufügt, all das sollte man versuchen zu vergessen. Man kann schließlich alles reparieren, sogar Herzen, die einmal aus dem Takt geraten.

Also möchte ich mich nicht mehr über Personen aufregen, die Versprochenes nicht halten, die keine Erziehung genossen haben oder trotz ihrer Jobbeschreibung keine Rückmeldung geben, weil sie es nicht für wichtig genug erachten. Ich wende mich nun lieber Menschen zu, die sich unserer Arbeit erfreuen, die uns nach Herzen unterstützen, die entzückt erregt positive Feedbacks vermitteln und wissen, wie viel Arbeit wir in jede Faser Papier, jeden Pixel, jedes Detail stecken. Für diese Menschen lohnt es sich, jeden Tag aufs Neue durchzustarten, denn sie vermitteln ehrliche Freude und positive Lebensenergie.

Wir ... unsere Gemeinschaft ... sind der Sinn des Lebens

Bei all diesen Gedanken, die mich an diesem Morgen durchfluten, wird mir klar, was den Sinn des Lebens ausmacht. Wir selbst sind es ... wir selbst sind dafür verantwortlich, wohin wir den Sinn und damit unser Leben – und das unserer Mitmenschen – lenken; ohne Umschweife oder Ausflüchte.

Eigentlich würde ich nun aufgewühlt und rasend vor Wut über diese Ungerechtigkeit und den Unsinn eines zerstörten Fahrzeugs nach Hause brausen. Doch ich halte inne ... lächle ... und genieße die einmalig gestaltete Frischluftzufuhr am Heck, um im eisernen Herzschlag des wummernden V8 über das graue Band des Asphalts zu gleiten. Drehe eine Extrarunde unten am herrlichen Strand, blicke über das Wasser, inhaliere den salzigen Atem des Meeres und erfreue mich am Kreischen der Möwen, die im eleganten Gleitflug die Sonne begrüßen.

Nicht das fehlende Heck eines Autos oder der Fleck auf unserem Sonntagsanzug sind für ein gutes Leben verantwortlich oder einen tiefer liegenden Sinn, den wir ständig versuchen zu verstehen – nur wir selbst. Es liegt an uns, das Beste daraus zu machen, um den Sinn des Lebens und das damit verbundene Wissen an unsere Kinder und nächste Generationen weiter zu geben.

Ich finde, es gibt dort draußen sehr viel mehr als Ärger, Sühne oder bösartige Kritik. Wir müssen nur wieder hinsehen, hinhören und entdecken, was uns zu Menschen macht. Genau dann erkennen wir die fehlende Weitsicht unserer Gesellschaft und den Sinn des Lebens ... und halten sie fest ... für den Rest unserer Tage.

HÖFLICHKEIT

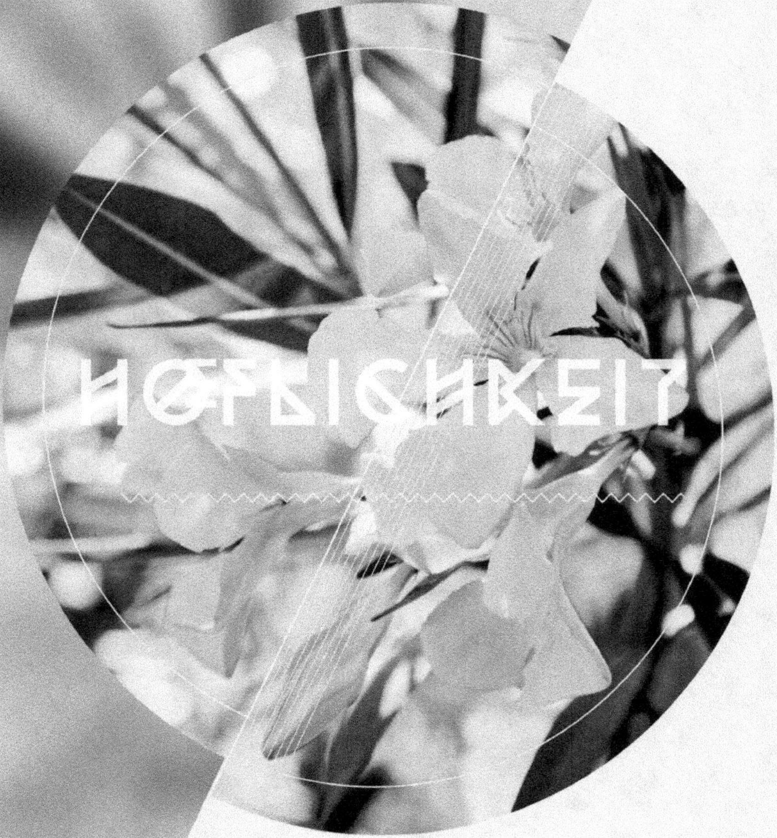

HÖFLICHKEIT STEHT FÜR
INTELLIGENZ UND TEAMGEIST

· 12 × 19 ·

GEBEN UND NEHMEN

Kapitel 12 – Höflichkeit ≈ Mut

Erinnern Sie sich noch an die guten alten Zeiten, in denen Höflichkeit, Anstand und Mut eine Zier waren? Gleich einem Superhelden einer Dame hilfreich zur Seite und seinen Mann zu stehen, alten Menschen einen Sitzplatz einzuräumen, den Partner im Straßenverkehr einfädeln zu lassen, Kindern und Jugendlichen die nötige Zeit für Fragen und ausgiebige Antworten zu gewähren, die Lebensgefährtin mit einer Blume zu überraschen?

Als Politiker noch im edlen Gedanken dem Volk dienten, in Krisenzeiten jeder Mensch für-, mit- und zueinander stand und im Geschäftsleben der nötige Respekt – egal wie groß das Unternehmen war – vermittelt wurde?

Erinnern Sie sich? Bemerken Sie etwas? Ja richtig ... Höflichkeit, Anstand und Mut liegen sehr nah beieinander. Der Gedanke zum Thema „Höflichkeit, Anstand und Mut" schwebt schon lange vor meinem geistigen Auge, wobei meine Augen – und auch mein kritischer Verstand – tagtäglich Dinge erleben, die mich immer mehr meinen Glauben an gutes Benehmen und Menschlichkeit verlieren lassen. Mir kommt es inzwischen so vor, als ob sich die Menschheit zurück entwickelt, dabei stehen uns die besten Kommunikationsmittel, um etwas über Höflichkeit und Anstand zu lernen, zur Verfügung.

Weltoffen und schlauer?

Obwohl ... der Einsatz dieser wunderbaren Kommunikationsmittel ist ebenso unhöflich bei einem Gespräch am Tisch, wie das gleichzeitige Tippen von Kurzmitteilungen beim Versuch einen Dialog mit Mitmenschen aufzubauen. Da ist die mobile Verständigungseinheit wichtiger als jeglicher Augenkontakt zu Personen, die sich in unmittelbarer Nähe befinden. Irgendwann sitzen wir nur noch stumm-sabbernd an einem Tisch und starren in mobile Endgeräte und lassen uns damit immer mehr gefallen ... wir bekommen es ja ohnehin nicht mit und ergießen uns in Gleichgültigkeit und Tippen von Kurzmitteilungen, wie schlecht doch diese Welt zu uns ist.

Dabei bezeichnen wir uns als intelligent, weltoffen und schlauer als jedes andere Lebewesen auf diesem Erdball? Mobilität und Kommunikation sind sehr wichtig, Höflichkeit, Anstand und Mut für eine Sache einzustehen, egal, in welchem Ausmaß, sollten darüber aber niemals vergessen werden.

Große Fresse, nichts im Hirn!

Meine heiteren und geselligen Fahrten in öffentlichen Verkehrsmitteln offenbaren immer wieder das unmögliche stillose Verhalten sogenannter intelligenter und scheinbar erwachsener Personen. Gut ... nicht alle sind im Geiste wirklich gereift. Nur weil der Mensch der reifen Traube seine größte Aufmerksamkeit in flüssiger Form schenkt, heißt das noch lange nicht, dass der Mensch dieselbe Reife im Alter und der scheinbar im Schrumpfvorgang befindlichen Hirnrinde erlangt. Jedenfalls fehlt es dem Menschen inzwischen soweit an Höflichkeit, älteren oder kranken Menschen einen Sitzplatz anzubieten. Dazu gehören selbstverständlich auch junge Menschen, die ihrem Rucksack oder einer Handtasche viel lieber einen Platz gewähren als einer gehbehinderten Großmutter am Stock.

Vollendete Tugend ist nur da, wo vollendete Einsicht besteht

Höflichkeit? Fehl am Platze ... hier findet höchstens die südamerikanische Kreuzung aus Zwergpinscher und Chihuahua Raum zur freien Entfaltung, jedoch kein Mitmensch. Oder die Bereitschaft älteren Menschen oder Müttern mit Kinderwagen beim Verlassen des Fortbewegungsmittels hilfreich zur Seite zu stehen, auch hier stehe ich des Öfteren fassungslos neben jungen Männern, die von sich behaupten, täglich ins Fitnessstudio zu rennen. Dicke Muckis, stahlharter Bizeps, große Fresse, beim Thema Höflichkeit und Hirnmasse hört es jedoch auf. Mehr als „Superhelden im Weich-spülformat" stellen solche Burschen nicht dar.

Hauptsache die Funktionsweise der Videoaufnahme eines Telefons kann gut erklärt werden. Mädels ... fragt doch mal so einen aufgeblasenen Möchtegern-Arnie, wann er zuletzt jemandem geholfen hat. Ganz schnell wird euch klar werden, dass dies nicht die erste Wahl für den nächsten Vater-schaftstest sein kann.

Superplus zur Hirnanreicherung

Erst neulich kippte ein Mann vor den Augen unzähliger Menschen an einer Tankstelle vor uns um. Wie aus dem Nichts wurde dem älteren Herrn schwindelig und er stürzte nach hinten, wobei er sich beim Fall den Hinterkopf aufschlug. Meinen sie ernsthaft, auch nur einen sogenannten „zivilisierten" Mitmenschen hätte dies interessiert? Da war das Beobachten von vermeintlichen Vogelschwärmen durch ein geschlossenes Autodach, das Wühlen in der Handtasche im Kofferraum oder das Polieren der Frontscheibe wichtiger denn je. Meine Lebensgefährtin und ich sprangen sofort hilfreich zur

Seite und alarmierten den Notarzt. Ein jüngerer Mann forderte uns sogar auf, ob wir das Auto von diesem rücksichtslosen Opa, der eine Zapfsäule in Beschlag genommen hatte, wegfahren könnten. So könnte er wenigstens tanken, während wir auf den Sanitäter warten. Kein Spaß ... meine Lebensgefährtin musste mich unter Einsatz ihrer gesamten Kräfte davor bewahren, diesem ungehobelten Vollidioten den Zapfhahn nicht direkt in den Allerwertesten einzuführen. Ich hätte sogar SuperPlus gewählt, evtl. hätte dies seinem zurück gebliebenen Neandertaler-Hirn den nötigen Vortrieb gegeben.

Zum Thema Mithilfe

Verstehen Sie mich bitte nicht falsch, ich besitze keine medizinische Ausbildung, aber eine Decke, ein Kissen oder eine Jacke können für einen Mitmenschen nie zu wertvoll sein, abgesehen von dem Wunsch nach Hilfe, den wir alle verspüren, wenn es uns dreckig geht. Diese Hilfe hätten auch unsere Mitmenschen, die man in geistiger Umnachtung an Bahnsteigen zu Tode prügelt, bitter nötig gehabt.

Wir wollen natürlich nicht die unzähligen sabbernden Vollhirnis und scheinheiligen Passanten vergessen, die nach der Tat hilfsbereit in Kameras lächeln und alles hautnah miterlebt haben. Wäre es nicht schöner gewesen, als Held ins gleißende Licht der Kamerascheinwerfer zu schreiten und mit seinem eigenen Mut eine stilvolle Geschichte von Hilfsbereitschaft zu erzählen? Ich hätte gerne über solche Helden geschrieben, denn davon gibt es nur noch wenige.

Gesellschaft oder Egoismus?

Wohin führen uns Menschen, die nur noch weg sehen, aber nach der Tat als Augenzeuge fungieren und anstandslos mit fröhlich wedelnden Armen in Bildaufnahmegeräte grinsen? Oder während der Tat das Ganze mit ihrem pfiffigen Multimedia-Super-Mega-HD-Kombigerät filmen, lautstark lachend dokumentieren und später johlend auf Video-plattformen zeigen oder an sensationsgierige Nachrichten-dienste verkaufen? Meiner Meinung nach sollten die Besitzer solcher Videos wegen grober unterlassener Hilfeleistung angezeigt werden! Genau das wäre ein Anfang von Höflichkeit und Anstand gegenüber allen Opfern!

E = EGOISTISCH. R = RAFFGIERIG. G = GELDGEIL. O = OPPORTUNISTISCH.

Sollten wir etwa den Begriffen Höflichkeit, Anstand und Mut den Begriff Ehrlichkeit hinzufügen? Auch hier bin ich der Meinung, dass diese Begrifflichkeiten verwandt sind.

Erinnern wir uns ... früher wurde mutig zu einem Fehler gestanden, wurde sich ehrlich für eine Sache eingesetzt ohne Angst vor – und das ist für den heutigen Egoisten sehr wichtig – eigenen Verlusten. Inzwischen wird mit dem Besitz und der hart verdienten Währung anderer mehr Geld verdient, ohne Angst vor Bestrafung haben zu müssen, als in Zeiten, in denen Aufsichtsratsvorsitzende den Begriff „Aufsicht" noch ernst nahmen.

Vor vielen Jahren, als Wertedenken für die Gesellschaft ein ernstes Thema war, sind Politiker für grobe Schnitzer am Volk zurückgetreten, für materielle Schäden und Verluste am Kunden wurde der Manager gen Mekka geschickt und schämte sich auch für solche Vergehen ... heute erhält man für miese Leistung und Missmanagement noch eine Abfindung auf Lebenszeit, lacht darüber fröhlich in öffentlich-rechtlichen Talkshows, verspottet die Opfer in Lebenswerk-Büchern, erhält von seinen „Freunden" einen bequemen neuen Posten, feiert mit dem Geld der Anleger mächtige Orgien und wagt es außerdem vor Gericht eine Abfindung durchzusetzen, ohne den Geschädigten einen einzigen Cent zurück zahlen zu müssen.

Diese Leute verhöhnen alles, was die Begriffe Miteinander und Wertedenken jemals geprägt haben. Höflichkeit am Menschen, dem man letztendlich das hart verdiente Geld in schamloser Manier weg genommen hat? Mut und Anstand dies auch zuzugeben? Fehlanzeige ...

Es gibt keine „Wutbürger", nur Menschen, die ernsthaft denken und sich versuchen gegen soziale Ungerechtigkeit zu wehren!

Warum sind die Bürger eigentlich inzwischen so wütend? Ganz einfach ... es fehlt an Werten. Werte sind wichtig und erst seitdem einige Ober-Schlaumeier den Menschen immer offener arrogant ins Gesicht lachen dürfen und dabei auch noch augenscheinlich lügen und betrügen, wird den Menschen bewusst, dass es so nicht weiter gehen kann. Da reißt eine arrogante Minderheit an selbsternannten Über-Menschen den Rest der Welt in einen Strudel aus Lug und Betrug, von einer Finanzkrise in die nächste und bemüht sich nicht einmal mehr um Schadensbegrenzung.

Neue, echte Helden gesucht!

Wenn sich mehr Menschen an alte bzw. wahre Werte erinnern und besinnen würden, wenn mehr danach gehandelt werden würde, gäbe es keine „Wutbürger", keinen geistigen Diebstahl und erst Recht keine schamlose Lobby-Politik, keine ungerechten Staatsanwälte und Richter oder größenwahnsinnige Manager, die am Volk und Menschen vorbei denken und ungerechterweise nur ihre eigenen Taschen füllen. Vielleicht kommt sogar einmal der Tag, an dem das Volk selbst bestimmen darf, wer als Bundespräsident fungiert und tatsächlich im Sinne von Frieden und Freiheit für die Bürger spricht.

Und wir Bürger und Menschen einen Helden finden, der sich ernsthaft und selbstlos für alle Menschen im Land einsetzt. Die Lügen und nicht gehaltenen Versprechen, das Ausspionieren und schamlose Bereicherung auf Kosten der Menschen und Steuerzahler gehen nach wie vor weiter. Ohne Reue, ohne Anstand ... ohne Entschuldigung.

Tugenden auf höchstem Niveau

Ich plädiere für wahre Werte und starke Charaktereigenschaften, für die es sich lohnt zu kämpfen, für eine bessere Welt, für uns und unsere Kinder.

Und wissen Sie was ... ich fühle mich gut dabei zu helfen und mich damit der Passivität vieler Menschen zu stellen. Egal, wie sonderbar ich mich dabei anstelle, egal, wie viel ich in den letzten Jahren dafür geopfert habe, egal, wie sehr mein Umfeld darüber lacht, egal, wie „altmodisch" mein Denken auf viele wirkt ... für mich bleibt es ein menschlicher Charakterzug. Man muss kein „Superman" sein, um zu helfen und etwas zu ändern.

Man muss sich auch selbst nicht in Gefahr begeben, wenn man keine entsprechende Ausbildung besitzt. Ein Anruf, ein Hilferuf, ein simples Miteinander, einfach „nur" Mensch sein, reichen völlig aus, um andere zur Unterstützung zu bewegen, es muss nur einer damit beginnen.

Geben und Nehmen

Selbst kleine Gesten und mehr „Geben denn Nehmen" lassen die Augen Ihrer Mitmenschen erstrahlen. Es muss endlich Schluss sein, mit der Habgier und den Lügen einzelner Personen, die nur über sich nachdenken. Habgier, Egoismus, Dummheit und Feigheit sollten einer neuen Art von Höflichkeit und „alten" Tugenden Platz machen.

Wahre Werte

Vielleicht verstehen Sie mich besser, wenn Sie das nächste Mal in der Öffentlichkeit die Gesundheit im Stich lässt, Sie wieder von einer Person – egal, welcher Klientel – belogen werden oder drei hirnlos-versoffene Zombies auf Ihrem Gehirn herum trampeln und keiner helfen möchte.

Keine Sorge: sollte ich in der Nähe sein, Sie sind nicht allein, für mich zählen noch „wahre" Werte.

EQ
EMOTIONALE
INTELLIGENZ

GEMEINSAMKEIT UND GEFÜHLE
MÜSSEN NEU GELEHRT WERDEN

· 13 ✕ 19 ·

Kapitel 13 – Emotionale Intelligenz ≈ EQ

Ursprünglich wollte ich hier in diesem Buch über das unmögliche Verhalten einiger Leute vom Leder ziehen, jedoch ist mir aufgefallen, dass es nicht allein an den Unternehmen, sondern an der Gemeinschaft und den Mitarbeitern innerhalb dieser Firmen liegt, aufzuräumen. Ohne Angst einem „Kollegen", der vielleicht schon morgen für die Pleite der Firma verantwortlich ist, die Stirn zu bieten und dafür zu sorgen, dass man solche Personen nicht weiter beschäftigt. Es kann natürlich sein, dass der Chef selbst ein Vollidiot ist, daran kann die Belegschaft dann selbst nicht viel ändern. Jedoch kann sich jeder einen neuen Job suchen, denn gut erzogene Menschen sollten nicht das schlechte Benehmen anderer ertragen. Sagen Sie mir nicht, dass Sie das nicht könnten oder schon darüber nachgedacht haben!

Es gibt immer zwei Wege, wir müssen nur den richtigen Weg wählen, auch wenn dieser scheinbar zunächst steinig erscheint. Wäre es nicht ein wunderbarer Gedanke, etwas Neues ins Leben zu rufen, sich zu befreien, von all den moralischen Fallstricken, die uns immer tiefer in den Schlund von Depressionen reißen.

Woher stammen Depressionen?

Ganz einfach ... von fehlender sozialer Gemeinschaft. Wir vereinsamen mit unseren Smartphones in der Hand und trügerischen, eiskalten Freunden eines eigentlich anonymen Netzwerkes, die gar keine sind. Wir drücken und nehmen uns nicht mehr in den Arm, weil dies als Zeichen von Schwäche gedeutet wird. Wo sind denn nun unsere medizinischen Experten und Statistiker? Sie werden sie nicht finden, denn letztendlich – siehe Fall Mollath – sind sie alle korrupt. Ich selbst durfte es am eigenen Leib erfahren, was es bedeutet, mit Medizinern – oder Richtern – zu tun zu haben, denen der eigene Geldbeutel und die Karriere mehr am Herzen liegen, als die Gesundheit eines Menschen oder der Anstand einer rechtlichen Instanz. Spätestens seit dem Organspender-Skandal wissen wir, dass es schwer geworden ist, gute, aufrechte Ärzte zu finden, denen man vertrauen kann.

Es beginnt in der Schule und bei den Eltern

Woran liegt es eigentlich, dass es Menschen gibt, die sich für andere einsetzen und andere, die nicht im Traum daran denken würden, nur einen einzigen Handstreich für ihre Mitmenschen zu tun? Das Ganze beginnt heutzutage bereits in der Schule. Hier wird keineswegs mehr Kreativität und emotionale Intelligenz [EQ] gefördert, sondern es wird den Kleinen jegliche Kompetenz gesellschaftlicher Liebe zuein-ander aberzogen.

Sie sollen gefälligst wie die größten Egoisten durch das soziale Gefüge taumeln und versuchen, jeden, der ihnen im Wege steht, eines mit der Sandkastenschaufel überzubraten. Nur so, das wird den Kleinen suggeriert, erreicht man schließlich sein Ziel.

Und die Eltern? Die schieben jede Sorge auf den Buckel völlig überforderter Lehrer und erwarten Erziehung, zu der sie selbst nicht imstande sind! Einfach schnell ein Videogame oder ein neues Elektrogerät gekauft, schon haben Mami und Papi [falls vorhanden] ihre Pflicht erfüllt und endlich wieder genug Zeit sich der eigenen Freizeit – die nicht viel mit dem Begriff

‚Familie' zu tun hat – und den egoistischen Zielen der Selbstverwirklichung zu widmen.

Welches Ziel war das nochmal genau?

Ganz viel Kohle schieben, dicke Karre [im Idealfall drei für jedes Gelände], mehrere Immobilien und mehrmals im Jahr Urlaub. Fällt Ihnen etwas auf? Wo bleibt bei dieser Rechnung eigentlich der Mensch? Wo bleiben die Emotionen und das Gefühl gemeinsam an einem Strick zu ziehen? Nehmt Kindern ihre Träume, Liebe und stehlt ihnen den festen Glauben und die Hoffnung, dass alles besser wird und sie werden später zu depressiven, kranken Menschen.

Gleichgültigkeit lässt Kinder stranden

Den meisten Eltern ist das völlig egal, nach der Devise, die Gören haben ja etwas zu essen, Klamotten und ein Dach über dem Kopf. Logisch, den Kindern in Uganda geht es ja auch schlechter! Wie ich diese Vergleiche hasse ... den Kindern in Monaco geht es also nach der Logik solcher Eltern besser?!

Ich habe kein Problem mit Geld, denn das benötigen wir zum Leben und es soll sogar nette Banker geben [ich kannte jedenfalls in jungen Jahren einige von der Sorte, die noch als Mensch unterwegs waren]. Es kann jedoch nicht angehen, dass Geld so hoch stilisiert und gefeiert wird, dass jegliche menschliche Emotion und gute Erziehung flöten gehen und wir uns wegen jedem Cent den Hals umdrehen bzw. den Schulleitern ebenfalls alles gleichgültig wird. Hauptsache, das monatliche Gehalt oder staatliche Subventionen werden gezahlt und es wagt keiner zu [hinter-]fragen, warum das Kind etwas nicht versteht. Wozu haben wir denn Nachhilfe-Online-Portale, dort kann man doch gegen Entgelt aus der privaten

Kasse jedem Kind das beibringen, wofür Direktoren und Erziehungsberechtigte nicht fähig sind.

Die Lehrer könnten alles ändern

Zu meiner Schulzeit gab es Lehrer, die sich definitiv mit jedem Kind in der Schulklasse auseinander gesetzt haben, egal, ob sich Kind und Lehrer zwischenmenschlich gerne hatten. Starke Lehrer, die den Eltern den Kopf gewaschen haben, denn zur Erziehung gehört nicht nur das Schulleben. Neulich hatte ich sogar ein überaus freundliches Gespräch mit einer Reisegruppe hochintelligenter und sympathischer Lehrer über genau jenes Thema. Eigentlich müsste man Eltern in Schulen stecken, nur um denen etwas über das Leben und das Verhalten ihrer eigenen Kinder beizubringen.

Heute werden Kinder gemobbt und Schüler mit schlechten Noten ins Leben entlassen, nur weil vereinzelt auftretende Lehrbeauftragte – die eine große Verantwortung tragen – die Nase, Mama oder die Meinung vereinzelter Schüler nicht passen. Wo leben wir, dass man nicht sieht, was den Kindern wichtig ist, nur weil ein Lehrer gerade schlechte Laune hat oder er einfach für den Job nicht geeignet ist?! Lehrer ist eine ernste Berufung, kein Teilzeitjob mit großzügigem Ferienangebot. Wir benötigen dringender denn je moralische Bildung, genau jene Moral, die in ehemals angesehenen Wirtschaftsunternehmen immer mehr abhanden kommt. Da helfen auch keine moralisch hoch gesteckten Ziele, es geht schließlich um Quartalsergebnisse, die den Aktionären erklärt werden müssen, egal, wie man diese erreicht. Man könnte fast meinen, Aktionäre haben keine Kinder bzw. ebenso wenig Moral wie die Unternehmen. Wobei wir schon wieder bei den Eltern wären ...

Kinder besitzen EQ, Erwachsene zerstören ihn systematisch

Dabei besitzen wir diesen EQ bzw. soziale Kompetenz bereits als Kinder. Beobachten Sie einfach mal ein Rudel wildgewordener Bälger, dort wird uns ganz klar gezeigt, was Kinder von [Un-]Gerechtigkeit halten. Kinder besitzen die Fähigkeit Lügner zu entlarven. Was liegt also näher, es den Kindern für das spätere, verlogene Erwachsenenleben abzutrainieren?

In unserer Gesellschaft ist kein Platz für ehrliche, moralische und partnerschaftliche Beziehungen, es soll jeder sehen, wo er bleibt. Und so nehmen „Burn-Outs" und „Depressionen" rasant zu, denn die menschliche Seele ist nicht dafür geschaffen, ewig zu lügen und andere unverhohlen auszunehmen. Abgesehen von einigen kranken Gestalten, die in der Öffentlichkeit – dank eingelullter Bürger – keine Schamgrenze mehr kennen und denen inzwischen sogar für ihre Taten zugejubelt wird.

Back to School

Ich wünschte mir, dass man jene Personen, die uns egoistisch behandeln und damit aufs Äußerste reizen, erneut zur Schule geschickt werden, damit sie dort erzieherisch und moralisch aufgemöbelt werden und ihnen erklärt wird, was es heißt, füreinander da zu sein.

Heldentum 2.0

Wie schön wäre eine solche Welt – Heldentum 2.0 in seiner schönsten Form – wären da nicht wirtschaftliche Interessen, Schulen, oberflächliche Eltern und überforderte Lehrkräfte, denen das Wohl und der EQ unserer und damit auch ihrer Kinder immer mehr egal ist.

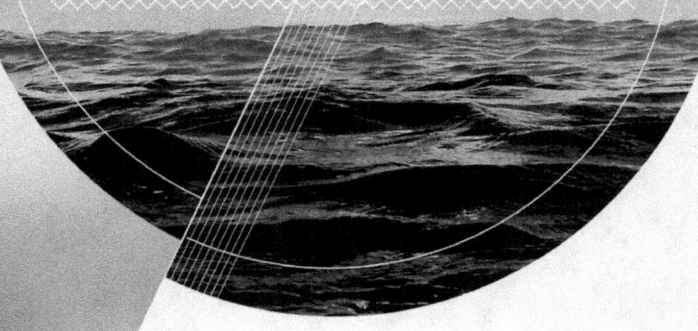

JEDER WINZIGE MOMENT
KANN GROSSES GLÜCK BEDEUTEN

· 14 ✕ 19 ·

Kapitel 14 – Träume ≈ Glück

Ich bin der festen Überzeugung, dass sich nur derjenige unter uns weiter entwickelt, der sich geistig und seelisch im steten und damit klugen Wandel befindet. Dies erkennt man daran, dass wir versuchen, nicht auf Ewig auf einem Standpunkt zu verharren, sondern unseren Träumen Freiraum für Wachstum zu geben. Nur dann kann sich eine Vision frei entfalten und aus der Asche verbrannter Erde frisches Leben erblühen.

Träume bedeuten Glück

Ich weiß ... ein philosophischer Ansatz, der mir vor einigen Tagen bei einem Shooting durch den Kopf gegangen ist. Da hatten wir zunächst das schlimmste Wetter für eine Fotografin – heftige Windböen mit einem feuchtfröhlichen Mix aus Sprühregen und klatschnassem Ungemach. In diesen Momenten stelle ich mich gegen den Wind, denke an schöne Dinge, ans Glück und die eigenen Träume, die uns vorantreiben und uns im Grunde unserer Herzen menschlich machen.

Jene Träume, die ich beim Blättern der Verlagserzeugnisse einfach nicht mehr finde. Egal, wie lange ich in den Magazinen oder Bücherlandschaften der Kioske stöbere, ich finde nur noch den Drang schnelles Geld zu machen, schnell zu konsumieren und noch schneller den nächsten Bestseller – nach Möglichkeit in einem 10-teiligen Umfang von jeweils 1.000 Seiten – an den Mann oder die Frau zu bringen. Dabei sollte der Inhalt zählen und eine Botschaft vermitteln, nicht die Zahl der Seiten.

Printmedien verkümmern zu schnelllebigem Massenkonsum, die heute bereits als dünnes Toilettenpapier von Morgen dienen. Die einstmaligen Verlegerträume, Menschen etwas Buntes, kreativ Einzigartiges, qualitativ Hochwertiges oder fantasievoll und gleichzeitig intelligent Geschriebenes zu präsentieren, ist auf dem Jahrmarkt der Eitelkeiten und Gier verloren gegangen. Mathematische Formeln über Auflage und Reichweite sind wichtiger geworden als der Mensch und dessen wunderbare Gabe Schönes zu gestalten und zu erschaffen.

Das gedruckte Wort steht für Qualität

Dabei können wir dem geschriebenen Wort wieder mehr Bedeutung schenken, indem wir es, genau wie dem bedruckten Papier, das aus dem Leben eines Baumes entstand, als kostbar erachten und nicht leichtfertig und ohne Sinn und Verstand dem Leser darbieten. Es mag sein, dass dies einem Zeitgeist entspricht, den ich inzwischen als dumm und oberflächlich betrachte, jedoch können wir diesen Geist jederzeit ändern – es liegt nur an uns. Mit unserer „erwachsenen" Jagd und dem kontinuierlichen Streben nach immer größerem Reichtum stehlen wir unseren Kindern genau jene Träume, die uns hoffen und nach Glück streben lassen. Oder haben Sie Ihre Träume, die sie als Kinder hegten und das damit verbundene Glücksgefühl, bereits vergessen?

Was bedeutet Glück?

Glück kann alles sein, jeder kleine Augenblick, jede gelebte Sekunde. Es kann die wärmende Sonne nach einem kalten Regenschauer, die innige Umarmung meiner Liebsten oder das fröhliche Lachen von Kindern sein.

Glück kann der wehmütige Blick zu den Sternen und weit darüber hinaus sein. Es kann den tieferen Sinn eines geschriebenen Wortes deuten und uns den fehlenden Ansporn liefern, der uns weiter vorantreibt, um unsere Träume und das damit verbundene Schicksal zu erkennen.

Sie entscheiden selbst, was Glück bedeutet und was Sie daran hindert, es zu finden. Durchbrechen Sie starre Blockaden oder kleingeistige Schranken, die Ihnen das Träumen verbieten. Träume sind wichtig, denn sonst würde es keine Künstler, Designer, Autoren oder Visionäre mehr geben, die für uns deren Fantasien in die Welt tragen, um uns daran teilhaben zu lassen.

Wagemut – Wagen Sie den Mut zum Träumen!

Wir sollten wieder wagen zu träumen, denn in unseren Träumen können wir genau das sein, was wir uns wünschen und schöpfen daraus unergründlichen Optimismus für das wahre Leben. Wir sollten uns treiben lassen, zu neuen Ufern, gedanklich anderen Welten, die uns Mut und frische Kraft schenken. Einer, unserer Welt, in der es genau jenen Freiraum zum Träumen gibt, den viele Menschen, egal, welchen Alters, egal, welcher Herkunft, sehnlichst vermissen.

Träumen ... leben Sie!

Wann haben Sie zuletzt geträumt, wann haben Sie zuletzt gegen das Böse gekämpft oder sind mit den Drachen geflogen? Es wird wieder Zeit für mehr Träume, mehr Visionen, mehr Kreativität und dem daraus geborenen Glück.

Vielleicht sehen wir uns bald wieder und träumen dann gemeinsam von den Sternen.

PARTNERSCHAFT

PARTNERSCHAFT IST DIE BLÜTE DES AUGENBLICKS
UND DIE FRUCHT DER ZEIT

· 15 ╳ 19 ·

DAS LEBEN IST WIE EINE BLUME

Kapitel 15 – Partnerschaft

Pflegt, hegt und schätzt man eine Pflanze, erstrahlt sie in den schönsten Farben und schenkt uns täglich große Freude. Sie erblüht in alle Himmelsrichtungen und teilt ihren Liebreiz mit jedem Betrachter. Auch die entsprechende Kommunikation zwischen sprießender Pracht und dem Besitzer heimischer Pflanzenfülle sollte deshalb nicht vernachlässigt werden. Vergisst man mitunter ein Blümchen, lässt es den Kopf hängen, verliert an bunter Vielfalt und verdurstet aufgrund mangelnder Fürsorge.

Das Leben ist wie eine Blume

Nun verhält es sich so, dass wir natürlich nicht den ganzen Tag im Gewächshaus abhängen und mit Blumen angeregte Gespräche führen. Okay ... der Verdacht liegt nahe, da wir unseren Wohnsitz in ein Land verlegt haben, welches an facettenreicher Flora kaum zu übertreffen ist. Aber nein ... der Gedanke über den Vergleich zur Pflege einer Pflanze und der Aufrechterhaltung von Partnerschaften kam mir beim heutigen Wässern unserer prächtigen Kastanien- und Haselnusszweige, die grün schimmernd ihre sanften Zweige gen Himmel strecken. Faszinierend zu beobachten wie durch winzige Verästelungen das lebensnotwendige Wasser seinen Weg empor zu den stetig nachwachsenden Blättern findet und dadurch eine Pracht und Blütenvielfalt entsteht, die das Leben nicht besser beschreiben könnte.

Was Wurzeln für Bäume, sind Grundsätze für uns Menschen

Es sind die kleinen Wurzeln, die den lebensnotwendigen Support ins mächtige Geäst in die oberen Etagen des Baumes transportieren und dafür Sorge tragen der Krone das entsprechende Wachstum und die grandiose Pracht des Lebens zu ermöglichen.

Garten des Lebens

Es sind die emsigen Gärtner im Garten des Lebens, florale Dirigenten, die dazu beitragen, dass kräftige Äste ihren Weg richtig wählen und gesund und munter in glanzvollem Wachstum gedeihen. Der richtige Gärtner verwandelt einen steinigen Acker in fruchtbares Land, lässt eine traurige Blume freudig erstrahlen und erweckt seine Umgebung dank großer Hingabe zu frohen Farben und zu neuem Leben.

Florale Egoisten

Nun sind aber nicht alle Gärtner dazu berufen ihr Wissen und ihre professionelle Reife in das Wachstum oder die Pflege einer langjährigen Partnerschaft einfließen zu lassen. Der Wechsel eines Gärtners kann sogar dazu führen, dass blühende Landschaften und ein vorher bunter Weg ins Nichts führen, das Leben verdurstet und das Wurzelwerk verkümmert. Es sind sozusagen „florale Egoisten", die mehr an die Pflege ihres eigenen Images denken, anstatt sich um die Wurzeln ihres Umfeldes zu kümmern. Sie holzen ab, sammeln ein, je nach dem was für ihre eigenen Bedürfnisse am Wichtigsten ist und vergessen dabei das parallele Saatgut für neues Leben, eine neue oder bestehende Partnerschaft auszubringen. Sie verwüsten und lassen danach gerne Gras über die Sache wachsen, denn das wächst immer, auch ohne entsprechende Pflege. Wie Sie sehen liegt der Vergleich hinsichtlich zuverlässiger Partnerschaften – in diesem Falle die Natur – und habgieriger Werte-Vernichter sehr nahe. Parallelen entdeckt man täglich, liest oder sieht man doch inzwischen mehr von Börsen- und Markteinbrüchen als von unserer Partnerschaft zur Natur, von deren Früchten wir täglich leben. Ich kenne jedenfalls noch keinen Geldbaum oder Goldbusch, der meine Kinder sinnvoll und gesund ernähren kann.

Wer keinen Stolz kennt, kennt auch die Demut kaum

Sie denken, ich ärgere mich vielleicht zu Unrecht über Raffhälse, fühle mich ausgenutzt, bin einfach nur zu stolz, denn schließlich leben wir doch in einem kapitalistischen System mit dem Hang zur Marktfreiheit und einer freien Entscheidung, mit Gewinnern und Verlierern. Jedoch leben wir tatsächlich von Angebot und Nachfrage, statistischen Auswertungen, die jede junge Blüte, jede emotionale Entscheidung im Keim ersticken, um reiche Egozentriker noch reicher zu machen.

Nein, ich denke nicht links, denke nicht rechts und denke auch nicht in der Mitte. Ich denke mir nur das große Ganze, das aus dem Kleinen entsteht. Wir alle nehmen uns behutsam von jeder noch so kleinen Keimzelle ein kleines Stück und lassen es mit unseren Liebsten einzigartig im gemeinsamen Garten erblühen, denn das ist das Hauptmerkmal unserer Existenz, dies ist der Sinn einer Gemeinschaft, die ich gerne auch als Partnerschaft des Lebens bezeichne.

Hier finden sogar verträumte Paradiesvögel [so wurde ich vor einigen Jahren von einem strebsamen Redakteur bezeichnet] einen wunderbaren Platz zum Verweilen. Ob man mir meine Liebe des gemeinschaftlichen Schaffens dankt, erfahre ich leider erst einige Zeit später, genau dann, wenn ich ebenfalls um ein symbolisches Saatkorn und das obligatorische „Geben und Nehmen" bitte. Jedoch sei eines gesagt: ich beackere ungern ein zweites Mal ein undankbares Feld - das habe ich über die Jahre auf teilweise schweißtreibende Art gelernt. Gerade Dankbarkeit ist nichts anderes als die Frucht eines Baumes oder einer Pflanze, die ihr Ergebnis nach langem Wachstum teilt.

Partnerschaft ist Menschenkunst, Begeisterung die Blüte der Verwegenheit

Ich möchte mich nicht beklagen, denn es gibt Menschen, die stellen uns mit beherzter Begeisterung gerne das nötige Gartengerät zur Verfügung – egal wann, egal in welcher Angelegenheit, denn genau das macht das Leben so außergewöhnlich und lässt unseren gemeinsamen Erfolg, gleich einer wunderbaren Blüte, langsam aber stetig wachsen.

Wie bereits erwähnt: das Leben ist eine Blume. Und wissen Sie was passiert, wenn Sie Ihren Mitmenschen – auch außerhalb jeglicher Feiertagslaunen – eine Blume schenken? Achten Sie auf das verzückte Lächeln ... es gibt nichts Schöneres.

HERZLICHKEIT

EIN GUTER CHARAKTER
BESTICHT DURCH TIEFGREIFENDEN INTELLEKT
UND EHRLICHE HERZLICHKEIT

· 16 ╳ 19 ·

SEI STETS HERZLICH, FREUNDLICH UND MUTIG

Kapitel 16 – Herzlichkeit

Nichts sehen? Nichts hören? Nichts sprechen?

Inzwischen sind wir leider in der Form von Gesellschaft angekommen, in der monatelang auf Menschen in der Öffentlichkeit herum gedroschen wird, obwohl diese doch eigentlich nur genau das sozial korrupte Verhalten der Gesellschaft repräsentieren, welches offenbar gelebt wird.

Wegsehen, niemandem mehr offen, ehrlich und gerecht zuhören, "freundschaftlich" finanzielle Mittel und Posten an unfähige Leute verteilen, alles so billig wie möglich ergattern und wenn alles total daneben läuft – einfach totschweigen.

Da wird der Politik und den Banken vorgeworfen, dafür verantwortlich zu sein, dass ein Unternehmen den Bach runtergeht. Vom tatsächlichen Verursacher, dem über Jahre und Jahrzehnte hinweg hofierten gierigen Multimillionär, hört man rein gar nichts.

Keine aufrichtige Entschuldigung, kein Bedauern, keine Antworten auf wirklich drängende Fragen der entlassenen Mitarbeiterinnen. Nur beim Ausverkauf, da sind wir alle blitzschnell an der Kasse, denn wer will sich schon ein Schnäppchen durch die Lappen gehen lassen?! Günstige Gelegenheiten sollten genutzt und schnellstmöglich auf allen "sozialen" Kanälen gepostet werden.

Postings und Fakes allerorts

Da wird sich beim Spaziergang mehr auf die elektronische Kommunikationseinheit konzentriert, als auf unsere Mitmenschen, die Umgebung und soziales Miteinander.

Da wird jede noch so üppige Mahlzeit, egal, was die Imbissstube um die Ecke auf das Plastikmobiliar befördert, abgelichtet und mit großer Wonne umgehend gepostet.

Da animiert das mobile Amateur-Fotostudio stündlich zum selbstverliebten Posen und falschem Lächeln vor einem hochglanzpolierten Spiegel im Eigenheim, dem Fahrzeug oder einer Bahnhofstoilette, nur um allen Menschen mitzuteilen, welche saisonal bedingten Witterungsverhältnisse im wippenden Einklang mit weiblichen Hup- oder Arsch-Implantaten, Extensions oder Kunstnägeln herrschen.

Was ist in den letzten Jahren nur passiert?

Wo sind nur all die liebevollen Frauen mit natürlichen Kurven und kernigen Männer mit Haaren auf der Brust geblieben?! Da geht Tier- und angeblicher Klimaschutz vor sozialer Kinderhilfe. Es wird einfach weggesehen, wenn die jüngste Generation Liebe, KiTas, Arbeitsplätze oder erzieherische Hilfe benötigt. Wo ist die Seele, wo die Herzlichkeit geblieben?

Wir sehen nur noch das, was wir sehen und hören wollen. Wir sagen nur dann unsere offene Meinung, wenn keine Gefahr besteht, hierfür Gegenwind, Strafe und Kritik einstecken zu müssen, rausgeworfen oder verklagt zu werden oder noch viel schlimmer eine virtuelle Freundschaft zu verlieren.

Wissen Sie eigentlich noch, was echte Menschen, wahre Liebe und aufrichtige Partner im realen Leben bedeuten? Hören Sie wieder zu – auch mit dem Herzen! Zum Leben [Lifestyle] gehört auch seine Meinung sagen zu dürfen, ohne deshalb verbannt und nach der Willkür von Handlangern eines korrupten Staates bestraft oder geächtet und vernichtet zu werden. Es liegt an uns, jedem einzelnen Menschen, eine schlechte Situation in etwas Gutes und Sinnvolles zu verwandeln, man muss nur wieder hinsehen, zuhören und seine Meinung stilvoll, stolz und voller Herzlichkeit zu vertreten – auch wenn es sehr viel Kraft kostet.

Sei herzlich, freundlich und mutig

Die konsequente Entwicklung jeglicher menschlicher Umgangsform muss laut meiner persönlichen Werte-Philosophie die höchste Prämisse sein, um unvoreingenommen, verbunden und solide weiter zusammen leben zu können. Nur so trennt sich die Spreu vom Weizen und es ist wieder möglich einvernehmlich miteinander und respektvoll zu harmonieren.

Liebe, Mut, Vertrauen und Werte bedeuten Leben plus Stil

Leben Sie unverzagt den Moment, sagen Sie beherzt das Richtige, nutzen Sie rechtzeitig Ihre Chancen, riskieren Sie einen zweiten Blick und schätzen Sie ein Leben voller Vielfalt.

Vielleicht fallen Sie dabei auf die Schnauze, holen sich ein paar Schrammen, aber Schmerz vergeht, Narben verheilen und ehrliche Anerkennung stellt sich immer auf die Seite des Kämpfers. Nur derjenige, der Fehler macht, sich selbst über den Horizont hinaus ergründet oder sich mutig Kratzer holt, weiß wie es besser geht und findet so zum Erfolg und einem erfüllten Leben, auf das er stolz zurück blicken kann.

Versuchen Sie einfach etwas Neues, probieren Sie Dinge, die Sie schon immer tun wollten und wagen Sie auch in manch anderen Bereichen Ihres Lebens einen Neuanfang.

Und wenn Ihnen skeptische Mitmenschen die Frage stellen, warum Sie das alles tun, liegt die Antwort ebenso einfach auf der Hand: Warum nicht? Wenn nicht jetzt, wann dann?

VIELFALT IST DIE WÜRZE DES LEBENS

· 17 ✕ 19 ·

MUT ZUR VERÄNDERUNG

Kapitel 17 – Vielfalt ≈ Geistiger Reichtum

Als ich ein kleiner Junge war, verschlang ich voller Liebe und mit allergrößter Freude die facettenreichen Magazine oder Bücher, die meine Eltern entweder im Abonnement zugesandt bekamen oder auf Geschäftsreisen erwarben.

Bunte, teilweise schrille, aber auch qualitativ hochwertige Druckerzeugnisse mit ausgesuchter Vielfalt, die mir die Welt zeigten und mit ihren Geschichten und kreativen Ideen meinem jungen Kopf viele Träume schenkten. Es war teilweise amüsant und ich erinnere mich noch heute an gut gemachte Werbemotive für Zigaretten oder legendäre Spirituosen neben hervorragenden, inspirierenden Texten und Erzählungen. Und nein ... ich bin aufgrund diverser Werbemotive deshalb nicht zum Alkoholiker oder Kettenraucher mutiert ... dies nur am Rande.

Die Herausgeber, Redakteure, Fotografen, Texter und Grafiker stellten für mich eine Art Vorbildfunktion dar, die mir eine Zukunft versprachen, die schöner nicht sein konnte. Natürlich war mir bewusst, es ist nicht alles Gold, was glänzt. Dennoch wollte ich irgendwann ein eigenes buntes Magazin in höchster Qualität auf den Markt bringen, um allen Lesern dieselben Träume zu vermitteln und die Hoffnung zu schenken, dass jedes Ziel erreichbar ist, wenn man nur will.

Konkurrenz belebt das Geschäft?!

Als ich dann im Erwachsenenalter gemeinsam mit meiner Familie vor vielen Jahren die Idee von einem Magazin oder Märchenbuch entwickelte, das anders als die anderen sein sollte, war mir noch nicht bewusst, mit welch harten, teilweise ungerechten Bandagen im Verlags- und Agenturwesen gekämpft wird. Dabei wollten wir niemandem etwas weg nehmen, geschweige denn eine „böse Macht" darstellen, denn meine Devise lautet: Konkurrenz belebt das Geschäft. Die Art von Konkurrenz, die in einem fairen Wirtschaftssystem für ausgewogene Vielfalt sorgt, ohne gierig zu werden.

Vom Tellerwäscher zum Millionär

Dies war früher nicht nur eine Floskel, sondern das Prinzip unserer Leistungsgesellschaft. Einem Wirtschaftssystem, dass es jedem Menschen ermöglichen sollte, etwas aus seinem Leben zu machen. Egal, welcher Schicht angehörig, nur aufgrund einer Vision oder einer guten Idee aus der Masse hervorzustechen. Es gab keine Hindernisse, jeder konnte etwas erreichen, wenn er nur enorme Leistung, viel Kreativität und den nötigen Willen an den Tag legte. Ein hoher Grad an Solidarität bedeutete noch etwas und zeichnete unsere Gesellschaft aus.

Friedhof der Kreativität und Gemeinschaft

Dieses System gibt es so nicht mehr. Solidarität wurde uns aberzogen, aber wen wundert dies bei einer Politik, die nur für egoistische Lobbyisten oder Ich-Bezogene Personen etwas übrig hat. Inzwischen teilen sich vermeintlich „Große" alles untereinander auf oder kaufen Ideen, für die sie nicht einmal den geringsten Anspruch an Leistung erheben können. Vielleicht sind wir mit unserem Anspruchsdenken ein wenig zu spät auf den Markt gekommen, denn das jetzige System lässt es nicht mehr zu, dass Traumtänzer, Tüftler oder Menschen, die es einfach besser machen wollen, nach oben kommen. Die „Großen" erdrücken die „Kleinen", da sie enorme Angst vor

Veränderung haben. Da werden Ideen und Neuerungen lieber unten gehalten, aufgekauft oder vernichtet.

Mut zur Veränderung

Wenn aber nun die großen Konzerne und übermächtigen Bosse den kleinen Machern die Tür vor der Nase zuschlagen, wird dann nicht auch der liberale Fortschritt verwehrt? Werden dann nicht alle Werte, für die wir in unserer Demokratie und unserem Wirtschaftsdenken stehen und für welche wir in den letzten Jahrzehnten gekämpft haben, in Frage gestellt? Irgendwann, wenn nicht sogar schon heute, stehen wir dann wieder am Anfang und wissen nicht, wie wir dort gelandet sind. Fragen wir uns das nicht bereits seit vielen Jahren, wenn wir von „Bankenrettung" oder „Eurokrise" hören?

Wem wird da eigentlich geholfen?

Da wird keine neue Medizin, keine neuen Ideen zugelassen, sondern nur etwas am Leben erhalten, was ohnehin seit längerem am Tropf hängt; und dies alles auf Kosten der Solidar-Gemeinschaft. Eine kleine bürokratische Truppe reanimiert täglich, anstatt frische Visionäre ans Krankenbett zu lassen, um den Patienten endgültig zu heilen.

Die entscheidende Frage, die ich stelle: dürfen tatsächlich einzelne Personen wirklich bestimmen, was richtig oder falsch ist, dürfen je nach Tageslaune schalten und walten, nur weil wir keine Lust mehr haben, diese Wege selbst zu zeichnen, um dafür auch die Verantwortung zu übernehmen?

Ich sehe trotzdem mit großem Optimismus in die Zukunft. Ich glaube daran, dass es auf unserer Welt und in unserem System noch Menschen gibt, die erkennen, was viel Potential besitzt oder was längst schon überholt und endlich auf den Schrottplatz gehört.

DANKBARKEIT

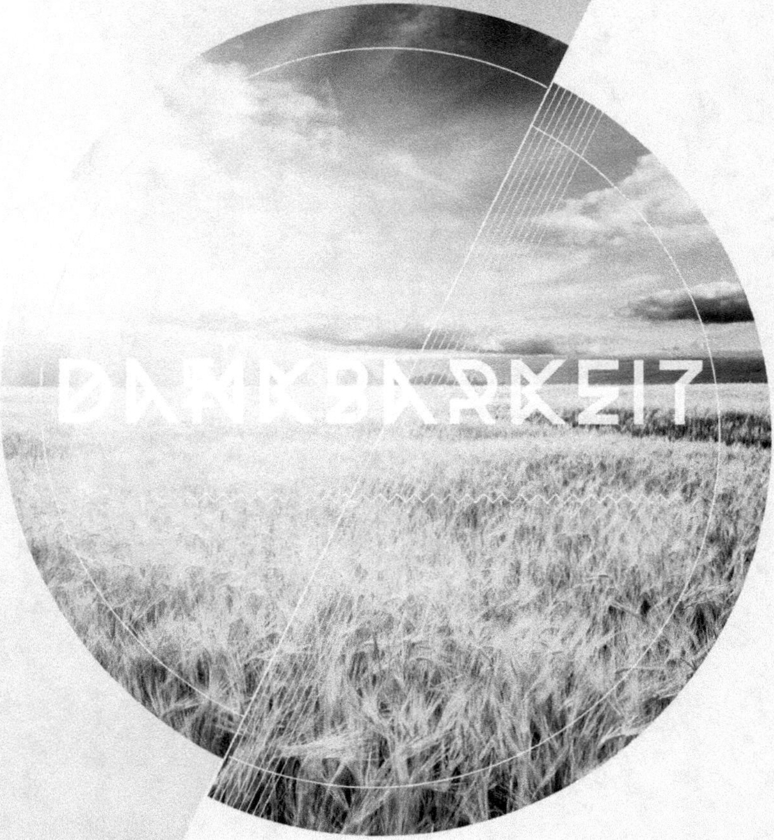

DANKBARKEIT UND GEISTIGE REIFE
SIND TIEFGRÜNDIGE BRÜDER

· 18 ╳ 19 ·

DANKBARKEIT IST DÜNN GESÄT

Kapitel 18 – Dankbarkeit

Ich habe inzwischen einen neuen Lieblingsspruch, der mein erhitztes Gemüt ein klein wenig abkühlt und mir ein Lächeln in die zermürbte Kalkleiste zaubert. Ein markiger Leitsatz für leicht irritierte Menschen, den Sie souverän das eine oder andere Mal in undankbaren Situationen des Alltags einsetzen sollten: „Soll ich noch einen Kuchen backen?"

Ja klar ... mal ganz kurz runterkommen und zwar in die Küche und dort mit einem Ansatz von Leichtmut lächelnd die Backschürze über die breiten Schultern geworfen, feinste Ingredienzien aus dem Vorratsschrank geholt und flugs eine leckere Zwischenmahlzeit gezaubert, was ist daran denn so schlimm?

Vertrauen Sie mir ... danach geht es Ihnen besser und Sie können den Menschen, die Ihnen aufgrund der allgemein gültigen und unerträglichen Undankbarkeit so unendlich auf den Sack gehen, auch noch eine Freude bereiten. Warum Sie das tun sollten? Ganz einfach: "Wenn Worte versagen und Menschen verzagen, dann hilft nur ein Kuchen, anstatt ständig zu fluchen."

Okay ... das mit dem Dichten übe ich noch und das mit dem Backen ebenfalls, jedoch müssen Sie gestehen, dass so ein persönliches Backwerk sehr inspirierend für zukünftige Dankbarkeit sein kann.

Sie könnten beispielsweise liebevoll ein betörendes Angebot oder eine entzückende Botschaft mit Zuckerguss auf der Torte garniert der Person Ihres Vertrauens überreichen. Welch entzückender Genuss für den Menschen, den Sie seit Jahren mit viel Engagement ohnehin täglich Zucker in den Allerwertesten blasen.

Das sich bei notorischer Undankbarkeit leider irgendwann das Prozedere des Kuchenzaubers in Unmut umschlägt ist diesen emotionalen Zombies ohnehin egal. Nebenbei bemerkt: Küche bzw. Köche ... ich kann sie nicht mehr sehen! Früher wurden Botschaften mit einem riesigen Jagdmesser und sanften Einkerbungen im Gesäß des vermeintlichen Feindes arrangiert, heute sind wir ja alle zivilisiert und gucken uns stattdessen jeden Tag in mehrstündigem Marathon die Auswüchse kochbereiter Pflegefälle an. Da wird wegen jedem Dünnpfiff im Metallkochbehälter applaudiert. Selbst wenn der 8-Sterne-Smutje das Wasser der Kartoffeln in den Gulli kippt, wird frenetisch auf den Sitzplätzen des öffentlich-rechtlichen Abstauber-TV's in die Patschehändchen geklatscht.

Ich finde es faszinierend, mit welchem Enthusiasmus Köche gefeiert werden, während es da draußen in der Welt Menschen gibt, die auf Müllkippen leben – beispielsweise Indonesien oder Afrika – und sich ihre Mahlzeiten mit dem Sammeln von Müll arrangieren. Sorry ... fast vergessen ... ist ja nicht unsere Baustelle, wir leben ja nicht dort, Koch-Insider nennen das Schicksal und außerdem spenden wir aufgrund unserer Dankbarkeit über so viel Überfluss beim Einkauf, doch alle fleißig, dann ist die Welt doch wieder in Ordnung – bis zur nächsten Küchenakrobatik von Köchen, die inzwischen mehr verblödeten Entertainern ähneln als echten Meistern der Essenszubereitung.

Der güldne Toilettenstab

Vor kurzem überlegte ich beim Polieren meines Nachttopfes, wie wir jenen Menschen aufrichtig danken können, die sich täglich in der Öffentlichkeit für andere einsetzen, nur um das eigene Ego aufzupolieren. Zunächst kam mir der Gedanke jenen „guten Seelen" – die im Grunde ihres Herzens, falls vorhanden, gar keine sind – in einer feierlichen Zeremonie eine güldne Klobürste zu überreichen. Tief in meinem Herzen weiß ich nämlich, dass die Charaktereigenschaften dieser „edlen Zeitgenossen" genau diesem feinen Instrument, auf dem täglich mit größter Hingabe musiziert wird, zu 100% entsprechen. Da wird alles den Lokus herunter gespült, was diesen Herrschaften nichts bringt, vorher wird aber erst einmal in eigener Sache öffentlich-wirksam ein großer Haufen gesetzt, der entspannt und hilfreich zugleich den eigenen Belangen förderlich ist. Man könnte es auch mit etwas härterem Stuhlgang bezeichnen, sozusagen: Diese Leute sch..... auf alles und jeden, der ihnen nicht zuträglich ist und erschlagen uns mit ihren geistig unterbelichteten Ausscheidungen!

Nicht sehr nett?

Was ist in undankbaren Zeiten wie diesen schon noch nett, wenn es um die Entsorgung von Ballast geht, der dem eigenen Wohlbefinden so unerträgliches Unbehagen bereitet? Ich möchte wirklich für niemanden die Art von unwohler Belastung darstellen, die es später zu entsorgen gilt, ich möchte einfach nur fair und menschlich behandelt werden und das in der Art von Intellekt, dass es nicht ständig im Darmtrakt schmerzt.

Hochglanzpolierte "Honks"

Das mit der Klobürste war mir dann doch zu blöd, denn so etwas besitzt diese Gattung von Raffzähnen sicherlich schon. Wer so egoistisch handelt und nur an sich denkt – also nur rafft oder Stuss verzapft – der besitzt definitiv schon mehrere hochglanz-polierte Goldbürsten in allen Varianten und Ausführungen, die der Design-Sanitärfachhandel bietet. Das sind übrigens dieselben „Honks", die den Hals einfach nicht voll bekommen und denen sechs Luxuskarrossen oder zehn Smartphones nicht ausreichen oder denen das 200. Selfie in dümmlich grinsender Pose einfach immer noch nicht reicht.

Ich bin der Meinung, dass Menschen, die täglich echte Leistung bringen – ohne das Geld anderer Leute scheinheilig für eigene Zwecke zu missbrauchen – ernsthaft zu schätzen wissen, was es bedeutet, mit Geld umzugehen und dieses dankbar für gute wirtschaftliche Zwecke zu [re-]investieren. Dies können auch luxuriöse Sportwagen, edle Designer-Zwirns oder brillante Chronographen sein. Dafür arbeiten diese Menschen tagaus, tagein und sollten sich hierfür auch belohnen. Diesen Menschen zolle ich ebenso dankbar meinen größten Respekt!

Großkotziger Schattenwurf

Ich spreche bei meiner Suche nach Werten und meiner Philosophie nur denjenigen den Rang der Ehrbarkeit eines ehrbaren Menschen ab, die egoistisch schwätzen, aber nie im Sinne einer aufrichtigen Gemeinschaft handeln; denen andere völlig egal sind, die nur selbst in der Sonne stehen und andere im großkotzigen Schatten erfrieren lassen, diese ungeachtet der bereits getroffenen Leistungen einfach vergessen.

Herzlich Willkommen im Club der völlig bekloppten Raffzähne!

Früher haben Menschen tatsächlich noch gehandelt und das in zweierlei Hinsicht: wir sprechen einmal von „gehandelt", in dem ein Mensch dem anderen gegenüber etwas versprach und dies dann auch tatkräftig und ohne Umwege – sofern das Umfeld mitspielte – umgesetzt hat.

Die andere Variante des Handelns liegt sehr weit zurück in der Geschichte der Menschheit. Damals hat man noch getauscht, damals war der Sinn eines Geschäfts gegenseitiges Vertrauen, großherzige Dankbarkeit und der sensible Umgang mit dem Handelspartner. Da hat der eine etwas genommen und der andere tatsächlich etwas zurück gegeben. Es war ein frohgemutes Hin und Her, aber jeder war zufrieden.

Nun ... solange liegt das eigentlich gar nicht zurück Ich weiß noch, wie mein Vater – damals Vertriebsdirektor bei Triumph Adler, später bei AEG Olympia – sehr viele Geschäfte mit Niederländern abwickelte. Die Buben haben sich zunächst in einem hochgeistigen Ausschankverfahren gegenseitiges Vertrauen zugesprochen – dies beinhaltete das Tanken mehrerer Fässer feinsten Gerstensaftes nebst Hardcoresprit – um anschließend und ohne weinerliches Katzengejammer und trotz eines fetten Katers am nächsten Tag Verträge zu unterzeichnen.

Das waren noch Burschen und echte Männer nach meinem Geschmack. Erst feiern, dann handeln, dann wieder feiern – ohne den anderen über den Tisch zu ziehen.

Handel dem Dank verpflichtet

Es wurde „gehandelt" und jeder war zufrieden. Heute geht es dem Einzelnen mehr darum, welche fettfreie Ökowurst auf dem Dinkelbrötchen schlummert, bevor es eifrig zum Businesstermin mit einem Fläschchen Mineralwasser ohne Blubber geht. Stundenlange Verhandlungen enden mit Ausreden und Augenwischerei, anstatt einfach das Geschäft abzuschließen und jeden mit einem guten Gefühl nach Hause entfleuchen zu lassen. Und da wundern Sie sich, dass jeder nur noch eine verbitterte Miene zieht, da man ihn ständig hinhält oder mit einer Riege von Rechtsanwälten verarscht? Auch das hörte ich damals kein einziges Mal von meinem Vater. Da wurde per Handschlag oder am Telefon etwas versprochen und jede Seite hat sich daran gehalten.

Was ist denn heute noch ein Versprechen wert?

Wissen die meisten Menschen überhaupt noch, was es heißt, ein Versprechen zu geben? Etwas zuzusagen und sich ernsthaft daran zu halten – in guten wie in schlechten Zeiten? Leider nein, wie man an der Politik, der Kirche oder an einigen Unternehmern erkennt. Da wird gerafft, gelogen und fröhlich betrogen.

Gier frisst Herz und Hirn

Dies ist auch der Grund, warum einige wenige viel zu viel besitzen und die Mehrzahl viel zu wenig. Die gehobene Mittelschicht ist passé, der Gedanke des aufrichtigen Fleißes dem Geiz und der ungerechten Raffmentalität einzelner Gnome gewichen, die sich auf dem Rücken und der Arbeit vieler Menschen bequem ausruhen und deren Geld verprassen.

Eine Gemeinschaft sollte stützen – egal, wann, egal, wen

Früher haben sich Geschäftsleute bzw. -männer noch auf das Wort des anderen verlassen. Man hat dem anderen geholfen, ihn auch in schlechten Zeiten gestützt, denn wenn es dem Partner nicht gut ging, konnten die eigenen Geschäfte irgendwann auch nicht mehr laufen.

Heutzutage ist das ja alles viel zu anstrengend, da wird nicht mehr gefragt „Wie geht es Ihnen?", da wird man einfach fallen gelassen, da es zu anstrengend ist über die Probleme des anderen nachzudenken.

Partnerschaft bedeutet Hilfe

Was der Partner in den Jahren zuvor geleistet hat, um den anderen zum Erfolg und letztendlich zum Gewinn zu verhelfen, wird einfach ad Acta gelegt. Mein Vater ist in schlechten Zeiten auf die Partner zugegangen, um mit guten Konditionen zu helfen, bis sich der Freund wieder erholt hatte. Er vergaß nie, wer etwas leistet oder nur dummes Zeug redet. Anschließend durfte auch wieder gefeiert werden, denn genau das machte das Geschäftsleben und eine echte Partnerschaft aus. Zusammen feiern, zusammen trauern.

Geiz und Undank bedeuten Mord

Heute, in Zeiten eines verblödeten Sparwahns und völlig unsensibler Entscheidungen von sogenannten Kopfmenschen, versteht kein Mensch mehr, was es heißt, ein Partner zu sein. Selbst im Privatleben wird sofort ein neuer Partner gesucht, wenn ein Problem auftritt. Es muss immer alles perfekt sein.

Nichts ist perfekt!

Wir sind Menschen, machen Fehler und benötigen gerade dann Hilfe, wenn es mal nicht mehr so gut läuft – auch ich mache übrigens Fehler, Asche auf mein Haupt!

Leider gibt es inzwischen viel zu viele Personen, gerade in der Öffentlichkeit, die sich ungeniert auf Posten oder Namen ausruhen, ohne zu erkennen, wer viel leistet, wer nur nimmt und ungerecht das verteilt, was ihm gar nicht gehört.

Es macht wütend und ich bin erzürnt über Leute, die unsere Anliegen, ob nun im sozialen oder menschlichen Bereich, nicht mehr ernst nehmen, obwohl dies ihre Aufgabe wäre. Genauso wütend wie der Bürger auf die Politik, weil man den Menschen keine Alternativen bietet, sie für dumm und unten hält, weil man ja die „Macht" hat. Ist es nicht merkwürdig, wie undankbar und asozial manche Menschen handeln bzw. Geschäfte machen ohne dafür Rechenschaft ablegen zu müssen?

Darf's noch ein bisschen mehr sein?

Wann endet dieser stumpfsinnige, verlogene Sparwahn und schafft wieder Platz für mehr Wärme, für mehr Kreativität, sozialem Engagement und energischem Eifer? Wann wird solide Arbeit wieder ehrlich über Leistung bezahlt, wann verschwinden Zeitarbeitsausbeuter, die Menschen nur ausplündern und nicht einmal wissen, was harte Arbeit bedeutet? Warum werden nicht echte Macher in Positionen verankert, dann würde es keine Missverständnisse mehr geben, denn sozial denkende Menschen wissen, was einzelne Berufsschichten – ob groß oder klein – leisten und wie wertvoll und ethisch der korrekte Umgang mit Menschen ist, die sich den lieben langen Tag – und auch die Nacht hindurch – das Hinterteil aufreißen.

Erreicht man mit Worten überhaupt noch etwas?!

Nun ja ... vor einigen Jahren, als ich meine Schreiberei intensivierte, erreichte ich nicht viel, weder mit guten Worten, mit positiver Ausstrahlung oder hinreißend, gestalteten Veröffentlichungen. Jedenfalls kann mir keiner nachsagen, dass ich nicht warte, nachhake, freundlich bitte und immer wieder um ein Gespräch ersuche.

Vielen gehe ich mit meiner Faselei über Werte oder Dankbarkeit gehörig auf den Wecker. Meckern kann jeder, ich suche jedoch zunächst das Gespräch und warte wirklich lange, bevor ich mich im Schlamm der Undankbarkeit suhle oder böse das Handeln anderer Menschen kritisiere.

Bewegung kommt nur durch Handeln zustande

Wenn jeder so denken würde, denken würde, dass es nichts bringt seine Meinung offen kund zu tun, dann wären wir immer noch in der Steinzeit oder würden in einer Diktatur leben; manchmal gewinne ich den Eindruck, dass wir uns bereits wieder dorthin zurück bewegen oder aufgrund mangelnder Aufklärung – siehe Überwachung oder Asylpolitik – seitens der Politik schon längst und unbemerkt dort gelandet sind?!

Ich würde mich jedenfalls freuen, wenn ich ein paar Herzen erreiche, denen meine Darstellungen – wahre Geschichten – ein wenig die Augen öffnen, um wieder an die Ursprünge des wahren Charakters des Handelns und vergangener Verbundenheit zu erinnern.

Ich versuche nur, wenigstens ein klein wenig, an das Bewusstsein von Moral und Gewissen zu appellieren.

Aber genug geplaudert ... ich muss wieder zurück in die Backstube, denn es steht ja schon bald wieder Weihnachten vor der Tür und wir haben noch einiges an köstlichem Backwerk vorzubereiten.

SCHLUSSWORT

EIN GUTER AMBOSS
UND EINE GUTE MEINUNG
FÜRCHTEN KEINEN HAMMER

· 19 ╳ 19 ·

GEMEINSCHAFTS- UND WERTEDENKEN SIND WIE EINE MAUER AUS STAHL

Kapitel 19 – Schlusswort

Es wird Zeit, Ihren Hammer aus dem Keller zu holen! Vielleicht ergeht es Ihnen dabei wie mir, denn manchmal würde ich gerne in den Keller huschen und den schmiedeeisernen 5000er-Hickory-Vorschlaghammer aus der metallbeschlagenen Holztruhe holen. Für sensible Angelegenheiten würde ich mich für einen Gummi- oder Holzhammer entscheiden, da Holz auf Holz zu idealen Ergebnissen führen soll. Ein Latt- oder Maurerhammer wären selbstverständlich ebenso qualifiziert, um tiefsinnigen Handlungen mehr Nachdruck zu verleihen.

Nicht, dass Sie nun denken, ich hätte mich nun zum nächsten Handwerker-Seminar bei einem Baumarkt angemeldet oder wäre jetzt unter die bekloppt-hammerharten Schurken gegangen. Nein, es gibt da einige Dinge, die ich gerne zurecht rücken würde, wie z. B. einen Nagel in der Wand, der einfach nicht das hält, was er verspricht.

Gemeinschafts- und Wertedenken sind wie eine Mauer aus Stahl

Wie ein Behämmerter kümmert man sich um die Belange des anderen, sorgt sich, bemüht sich, aber der Nagel will einfach nicht halten, denn es gehören immer zwei zu einem dauerhaften Bündnis: das Mauerwerk und der Nagel.

Wir selbst, die Wutbürger, Traumtänzer, Verschwörungsfanatiker und Andersdenkende sehen unsere Arbeit und unser Wirken als Mauerwerk. Ein solides, aufrechtes Fundament, welches seit vielen Jahren den gemeinsamen Denkapparat

stützt und die Bedürfnisse unserer Mitmenschen stabil unter-
mauert.

Ein Mauerwerk, welches schützt, aber niemanden einengt.
Keine ungerechte Begrenzung, vielmehr ein künstlerischer
Wall mit mächtigen Portalen, damit auf beiden Seiten hart,
aber gerecht, die Grundlage für die Zukunft aus- bzw.
aufgebaut werden kann. Man tauscht sich aus, man pflegt das
Gespräch, man sondiert besonnen den besten Platz am
Mauerwerk, der für beide Seiten sinnvoll erscheint.

Man schließt aber auch von Zeit zu Zeit das eigene Tor, um
sich zu besinnen, zurück zu ziehen und neue Kraft zu schöpfen.
Immer mit dem Wissen, sich auf den anderen, den geistig-
soliden Partner jenseits der Mauer, verlassen zu können und in
seinem Schutz den nötigen Halt zu finden.

Dem faulen Arbeiter ist jeder Hammer zu schwer

Woran liegt es aber, dass selbst die kolossalsten Mauern, die
seit Jahrzehnten alles überdauert haben, irgendwann
zusammenbrechen? Das ist im Prinzip ganz einfach: ohne
intensive Pflege geistiger Vielfalt, gemeinsame Ziele und die
nötige Liebe zueinander stürzt auch das scheinbar stärkste
Bollwerk in sich zusammen – manchmal sogar, weil es zu
mächtig und überheblich geworden ist. Es entsteht eine
einseitige Schieflage, die zwangsläufig zum Zusammenbruch
führt. Wer sich ein wenig mit Geschichte beschäftigt, weiß,
wovon ich spreche.

Wer die Mauer untergräbt, wird unter ihr begraben

Da trifft man auf sympathisch lächelnde „Freunde", die das
Fundament des gemeinsamen Bauwerkes untergraben. Das,
was andere im Schweiße ihres Angesichts aufgebaut haben,

wird von arroganten Egoisten, die nur ans eigene Wohl denken, für selbstsüchtige Ziele missbraucht und am Ende zerstört.

Jedoch auch körperliches Nichtstun, geistige Faulheit oder stumpfsinnige Ausreden führen zu einem endgültigen Zusammenbruch, denn nur Tatendrang mit großem Fleiß erhalten Fortschritt und somit jegliche Substanz. Ich könnte Ihnen von einigen solcher krummen Nägel berichten, die in der Metallurgie besser aufgehoben wären; unsere Leser wissen, wo sie diese buckligen „Nieten" in der Gesellschaft finden.

Herzlichen Dank, liebe Leser und Leserinnen!

Nun verstehen Sie, warum ich das eine oder andere Mal nachdenklich im schattig-modrigen Keller meine Runden drehe und mit diabolischem Lächeln sanft meine Holztruhe streichele, wohlwissend, dass mit einem Schlag jegliches Wertedenken, jeder einzelne Stein zerstört werden kann. Es liegt an uns, für welche kreativen, gemeinsamen Ziele wir das Werkzeug aus der Truhe holen.

Sie können etwas ändern, glauben Sie mir! Es muss nicht die ganze Welt oder das komplette System sein, denn wir sind laut Aussage der „Eliteträger" ja „nur" ein unbedeutendes Zahnrad im Getriebe des großen Ganzen. Jedoch wird oftmals vergessen oder verdrängt, dass gerade die kleinen Räder etwas bewegen oder zum Stillstand bringen können.

Fangen Sie doch einfach in Ihrer Umgebung, Ihrer Umwelt an. Es sind die kleinen Dinge, die unsere Mitmenschen erfreuen, sei es ein Lächeln, eine herzliche Umarmung, eine kleine Blume, hilfsbereites Zupacken oder einfach nur ein freundliches Wort. Helfen Sie, teilen Sie Ihre Meinung mit anderen, diskutieren Sie mit, aber bitte niemals aggressiv. Nehmen Sie die Sorgen Ihrer Umwelt wahr und verteidigen Sie Ihren Standpunkt, wen es darum geht, unsere Welt für uns alle schöner zu gestalten.

In diesem Sinne wünsche ich Ihnen einen wunderbaren, sonnigen und sinnvollen Tag und bedanke mich bei Ihnen, meinen Lesern und Leserinnen und bei meiner Familie für deren fundamentale Unterstützung, auf die ich immer wieder bauen kann – auch ohne Hammer.

Vielen Dank für Ihre Aufmerksamkeit

Ihr Hendrik Birke